Diosas Oscuras

Desvela el poder secreto
de Lilith, Morrigan, Hekate y más,

Con rituales, ejercicios y meditaciones
para liberar a tu diosa interior.

TEMPLUM DİANAE

- MEDİA-

reclamar contenido incluido

¡Felicidades por conseguir este libro!
Si deseas atraer y manifestar más Amor y Abundancia y conocer más sobre espiritualidad y otros temas, únete a la comunidad de Templum Dianae y recibe gratis el libro de Meditación guiada MP3 para despertar tu interior.

Esta meditación guiada está diseñada para manifestar tu sueño interior en tu vida diaria.

Siga este enlace
templumdianae.com/es/libromp3/

SÍ NO CONOCES TEMPLUM DÍANAE

Caminante, si has cogido este libro, no es por accidente. Te han llamado. Permíteme dejar esto muy claro: en lo que estás a punto de sumergirte no es una exploración esponjosa de la feminidad divina, todo rosas y rosas pastel. Se trata de poder real. Se trata *de* adentrarte en la energía oscura y cruda de las diosas que han sido temidas, adoradas e incomprendidas durante siglos. Si estás aquí en busca de consuelo, no lo encontrarás. Pero si estás aquí para desbloquear la parte de ti misma que ha estado enterrada bajo las capas de expectativas, dudas y miedo... entonces sigue leyendo.

Este libro abrirá las puertas de tu alma y te mostrará el poder de las Diosas Oscuras: Lilith, *Hekate, Morrigan* y muchas otras. Estas diosas no miman. Te desafían, te provocan y te obligan a enfrentarte a las partes de ti mismo de las que has estado huyendo. Y seamos sinceros, ¿no has huido lo suficiente? Estás aquí porque falta algo en tu vida. Quieres algo más que sobrevivir. Quieres prosperar, atraer la abundancia y estar realmente en tu poder.

Seré franco. Demasiados libros prometen transformación y decepcionan. Eso no ocurrirá aquí. No es para los pusilánimes ni para los que se comprometen a medias. Este libro, *Diosas Oscuras: Desvela el poder secreto de Lilith, Morrigan, Hekate y otras para liberar a tu diosa interior,* es tu puerta a la transformación, si estás preparada para reclamarla.

Ahora, usted se estará preguntando, *¿por qué debería confiar en este libro?* ¿Qué lo diferencia de todas las demás promesas vacías? La respuesta está en la fuente. Este libro llega a ti de la mano de **Templum Dianae Media**, un proyecto nacido del **blog Templum Dianae**, una autoridad en brujería, prácticas paganas y despertar espiritual desde 2013. No es una plataforma online cualquiera, Templum Dianae está *escrito por brujas, para brujas.* Es una comunidad, un movimiento y una fuerza que lleva más de una década cambiando vidas.

Entremos en materia. Más de **247.000 personas cada mes** entran en contacto con el material creado por Templum Dianae a través de todos los canales. Eso es cientos de miles de personas que están aprendiendo, creciendo y transformándose a través de nuestros libros, blogs y enseñanzas. Y esto no es sólo teoría, son resultados del mundo real. Publicamos cientos de libros cada año en **seis idiomas**, difundiendo sabiduría antigua y conocimientos modernos por todo el mundo. Revivimos grimorios perdidos hace mucho tiempo y publicamos guías de vanguardia para ayudar a mujeres como tú a desarrollar todo su poder.

¿Todavía escéptico? Permítanme compartir algunos testimonios de mujeres que han conectado con Templum Dianae y han visto transformaciones masivas en sus vidas.

"Antes de encontrar Templum Dianae, estaba estancada espiritual, financiera y emocionalmente. Pero después de sumergirme en sus materiales, todo cambió. No sólo me sentí más conectada conmigo misma y con mi espiritualidad, sino que mi negocio despegó. Ahora gano más dinero del que nunca imaginé". - Alessandra, Empresaria

"Templum Dianae me ayudó a comprender que no estaba rota. Sólo necesitaba reconectar con mi verdadero poder. Desde que sigo sus rituales y guía, he manifestado más abundancia y he encontrado el amor que había estado anhelando." - Helena, Sanadora

No se trata de historias aisladas. Miles de mujeres, como tú, han visto sus vidas transformadas por las enseñanzas y rituales de Templum Dianae. Y ahora, es tu turno. Pero aquí está la cosa: tienes que estar dispuesta a *hacer el trabajo*. No se trata de encender una vela y esperar lo mejor. Se trata de sumergirte en la oscuridad, enfrentarte a tus sombras y liberar a la diosa que llevas dentro.

Las diosas de este libro -Lilith, Hekate, Morrigan, Medusa, Kali y otras- no son figuras pasivas y protectoras. Son guerreras, brujas y soberanas de los reinos invisibles. Te empujarán a abrazar las partes de ti misma que la sociedad te ha dicho que ocultes. Te exigirán que honres tus deseos, tus ambiciones y tus verdades más profundas.

Si estás lista para entrar en ese poder, sigue leyendo. Si estás lista para conectar con las diosas que encarnan la independencia, la fuerza, la transformación y la feroz energía femenina, este es tu camino.

Seamos sinceros, Wayfarer: no has cogido este libro porque te sientas cómodo. Estás aquí porque *te falta* algo. Tal vez sea tu confianza, tu sentido de propósito, tu habilidad para atraer lo que quieres. Tal vez sea una conexión más profunda con tu propia espiritualidad. Sea lo que sea, este libro te ayudará a encontrarlo. Pero sólo si te comprometes.

Templum Dianae ha impartido enseñanzas transformadoras desde su creación. Con **cientos de libros publicados cada año** y una comunidad global en constante crecimiento, somos el puente moderno hacia la sabiduría ancestral. Nuestra misión es sencilla: empoderar a brujas, buscadores y guerreros espirituales para que desarrollen todo su potencial.

Ahora es el momento de que decidas. ¿Responderás a la llamada? ¿Emprenderás el viaje a través de la oscuridad, para encontrarte con las diosas que están esperando para guiarte hacia tu propio poder?

La elección es tuya. Pero recuerda esto: la Diosa Oscura no espera permiso. Ella ya está dentro de ti, esperando a que la despiertes. Este libro es tu invitación a ese despertar. No lo cierres. No le des la espalda. Tu transformación comienza ahora.

ÍNDICE

Contenido

LA DIOSA INTERIOR

A lo largo de los anales de la historia de la humanidad, las enigmáticas figuras de las Diosas Oscuras se han situado en la encrucijada del miedo y la reverencia. Envueltas en el misterio, sus orígenes, funciones y verdaderos poderes han fascinado e inquietado a civilizaciones de todo el mundo. Estas poderosas deidades, a menudo asociadas con los aspectos sombríos de la existencia, representan la dualidad inherente a la psique humana: el equilibrio entre creación y destrucción, luz y oscuridad, miedo y poder.

Desde las tempestuosas costas de las tierras celtas hasta los desiertos abrasados por el sol de Egipto, todas las culturas han tejido historias de diosas formidables que encarnan las fuerzas profundas de la naturaleza y el universo. En algunos panteones, estas diosas oscuras gozaban de mayor estima que sus homólogas benévolas, no sólo por temor, sino por un profundo respeto a su innegable influencia sobre la vida y la muerte. Invocar sus nombres era reconocer el poder bruto y desenfrenado que da forma a nuestro mundo y a nuestro interior.

Este libro es una exploración, un viaje a los reinos arquetípicos de estas Diosas Oscuras. Profundizaremos en lo que las hace tan potentes y significativas, tanto en la antigüedad como para los buscadores contemporáneos de sabiduría espiritual. Al examinar sus mitos, símbolos y las culturas que las veneraron, pretendemos desvelar los aspectos ocultos de la divinidad femenina que han sido suprimidos o malinterpretados a lo largo de los siglos.

Además, relacionaremos estos arquetipos ancestrales con conceptos psicológicos modernos, como la teoría de Carl Jung sobre la sombra del yo. Al igual que Jung propuso que abrazar nuestra sombra es esencial para el crecimiento personal, también el compromiso con las Diosas Oscuras puede facilitar una comprensión más profunda de nosotros mismos. Al afrontar e integrar estos aspectos sombríos, abrimos la puerta a nuestra diosa interior, una fuente de profunda fuerza, intuición y transformación.

Nuestro viaje nos llevará a través de los ricos tapices de las mitologías griega, egipcia, mesopotámica, eslava, hindú, africana, celta y nórdica. A diferencia de muchos estudios que se centran únicamente en los relatos mitológicos, este libro pretende ofrecer una visión multicapa de sus contextos históricos y su significado espiritual para los practicantes modernos. Exploraremos no sólo quiénes eran estas diosas, sino también cómo su influencia persiste hoy en día, ofreciendo guía y empoderamiento a quienes están dispuestos a comprometerse con sus energías.

Tanto si eres nuevo en las prácticas espirituales como si estás curtido en el trabajo de sombras, el culto a la diosa, el neopaganismo u otros caminos alternativos, este libro está diseñado para encontrarte donde estás. Presenta información teórica y práctica de una manera accesible y fácil para principiantes, garantizando que todos los lectores puedan relacionarse y enriquecer sus viajes espirituales. Si siente curiosidad por las diversas tradiciones espirituales o desea profundizar en su comprensión de las deidades oscuras de una cultura específica, considere este libro su compañero en un camino de descubrimiento y evolución personal.

En un mundo que a menudo celebra sólo la luz, reconocer la oscuridad puede ser un acto radical y fortalecedor. Si resuenas con lo divino femenino y buscas el conocimiento y la inspiración de poderosas deidades femeninas, esta guía te iluminará el camino. A través de una exploración profunda y esotérica de las facetas más oscuras de estas diosas, aprenderás a apreciar la complejidad de su simbolismo y sus mitos. Y lo que es más importante, descubrirás el inmenso poder que pueden otorgarte cuando adoptas sus enseñanzas.

Al embarcarnos juntos en este viaje, prepárate para ampliar tu sabiduría espiritual y profundizar tu conexión con lo divino femenino. Al comprender y abrazar estas poderosas energías, desbloquearás nuevas dimensiones de ti misma y del mundo que te rodea. El camino puede ser difícil, pero la recompensa es transformadora.

¿Estás preparada para desvelar los poderes secretos de Lilith, Morrigan, Hekate y muchas más? ¿Estás preparada para desvelar tu diosa interior y adentrarte en un reino de profundo autodescubrimiento y empoderamiento?

Si es así, pase la página y que comience el viaje.

acceso al poder femenino

En un mundo que a menudo dicta quiénes deben ser las mujeres y cómo deben actuar, muchas se encuentran desconectadas de su verdadera esencia: su diosa interior. Esta desconexión puede manifestarse como un sentimiento de impotencia, una sensación de que la propia vida está dirigida por fuerzas externas en lugar de por deseos y fuerzas interiores. El viaje para recuperar este poder perdido comienza con la exploración interior, una inmersión valiente en las profundidades de uno mismo para desenterrar la divinidad femenina que reside dentro.

Las expectativas sociales han impuesto durante mucho tiempo roles restrictivos a las mujeres, haciendo hincapié en cualidades como la sumisión, la dulzura y el desinterés, y desalentando las expresiones de fuerza, asertividad y autonomía. Estas normas culturales pueden llevar a las mujeres a reprimir partes de sí mismas que no se ajustan a estas expectativas, incluido su poder y potencial innatos. Esta supresión crea un desequilibrio interno que deja latente una reserva de energía y capacidades sin explotar.

Muchas mujeres pueden sentir un vacío o una inquietud inexplicables, con la sensación de que algo vital falta en sus vidas. Este sentimiento suele provenir de los aspectos no reconocidos del yo, la diosa interior que espera ser reconocida y abrazada. Sin este reconocimiento, las mujeres pueden tener dudas sobre sí mismas, falta de dirección o una búsqueda perpetua de validación externa.

Acceder al poder femenino requiere un viaje deliberado y consciente hacia el interior. Este proceso consiste en pelar las capas de condicionamiento para revelar el auténtico yo que hay debajo. Implica:

- **Autorreflexión**: Tomarse tiempo para examinar las propias creencias, valores y deseos. Preguntas como "¿Qué es lo que realmente quiero?" y "¿Quién soy yo por debajo de los papeles que me han asignado?" pueden iniciar este proceso.

- **Abrazar el trabajo en la sombra**: Afrontar e integrar las partes de uno mismo que han sido reprimidas o consideradas inaceptables. Aquí es donde las Diosas Oscuras se convierten en guías inestimables, ya que encarnan los aspectos de la feminidad que a menudo se marginan, como la ira, la sexualidad, la independencia y la transformación.

- **Cultivar el amor propio y la aceptación**: Aprender a aceptarse a uno mismo por completo, incluidos los defectos y las imperfecciones. Esta autoaceptación incondicional es un acto poderoso que alimenta la fuerza interior y la resiliencia.

- **Conectando con lo Divino Femenino**: Comprometerse con los arquetipos de las Diosas Oscuras puede facilitar una conexión más profunda con lo divino femenino. A través de rituales, meditaciones y estudios, se puede invocar su energía y sabiduría.

A medida que las mujeres profundizan en su mundo interior, empiezan a desmantelar las barreras que han mantenido a raya su poder. Esta liberación conduce a:

- **Autoafirmación**: Afirmación de la propia valía y capacidades sin necesidad de aprobación externa. Esta autoafirmación se basa en una comprensión auténtica de uno mismo.

- **Empoderamiento**: Reconocer y aprovechar las fortalezas y habilidades inherentes a cada uno. El empoderamiento no consiste solo en el beneficio personal, sino también en influir positivamente en el entorno.

- **Acceder a potenciales ocultos**: Descubrir talentos, pasiones y facetas de uno mismo que antes no se exploraban. Esto puede conducir a nuevos caminos en el desarrollo personal, la carrera, las relaciones y la espiritualidad.

- **Vivir con autenticidad**: Alinear la propia vida con los verdaderos valores y deseos, lo que conduce a una mayor realización y alegría.

Las Diosas Oscuras sirven como poderosos arquetipos y aliadas en este viaje. Representan las fuerzas transformadoras de la psique femenina, fuerzas necesarias para el crecimiento y la renovación.

Estudiando sus historias e integrando sus lecciones, las mujeres pueden aprovechar las fortalezas de estas diosas para navegar por sus propias vidas con confianza y determinación.

Acceder al poder femenino no es un destino, sino un viaje continuo de autodescubrimiento y crecimiento. Requiere paciencia, compasión y la voluntad de enfrentarse tanto a la luz como a la oscuridad interior. A medida que las mujeres abrazan a sus diosas interiores, contribuyen a un despertar colectivo de lo divino femenino, fomentando un mundo más equilibrado y armonioso.

Este viaje es profundamente personal pero universalmente significativo. El empoderamiento de cada mujer inspira a otras, creando ondas de cambio que se extienden más allá del individuo. Al liberar su potencial interior secreto, las mujeres no sólo transforman sus propias vidas, sino que también allanan el camino para que las generaciones futuras vivan de forma auténtica y poderosa.

Preguntas de reflexión:

1. ¿Qué aspectos de ti mismo has reprimido debido a las expectativas de la sociedad?

2. ¿Cómo puedes empezar a explorar y abrazar a tu diosa interior?

3. ¿De qué manera pueden inspirarte y darte poder los arquetipos de las Diosas Oscuras?

Mientras reflexionas sobre estas preguntas, recuerda que el camino para acceder a tu poder femenino es un viaje sagrado. Es una invitación a volver a casa contigo misma, a permanecer en tu verdad y a vivir una vida que honre la esencia divina que llevas dentro.

COMPRENDER EL ARQUETIPO DE LA DIOSA OSCURA

Como buscador, sientes la atracción de adentrarte en la oscuridad, de explorar lo que hay más allá de lo familiar. Este capítulo es tu guía hacia ese reino, ayudándote a comprender los orígenes, el simbolismo y el significado profundo del término **"Diosa Oscura"**.

Viajaremos a través de los contextos multifacéticos de la espiritualidad, la psicología y la mitología a través de un rico tapiz de culturas y tradiciones espirituales. **Al abrazar la transformación que viene a través de la oscuridad y la sombra**, obtendrá una visión más profunda y el conocimiento esotérico sobre el arquetipo de la Diosa Oscura.

El concepto de Diosa Oscura no se limita a una única cultura o sistema de creencias. Es un arquetipo -un símbolo universal- que representa papeles, atributos y funciones similares en distintas sociedades. **Habita en la parte causal del espíritu, conocida como psique**, una presencia viva que emerge de nuestros pensamientos más profundos e intenciones mágicas. **Cuando crees en ella, cobra vida en tu interior** e influye en tu vida de forma sutil pero profunda.

Piensa en la Diosa Oscura como una semilla plantada en el suelo fértil de tu mente. **A través de tus pensamientos y creencias, crece y florece**, convirtiéndose en una fuerza poderosa que te guía y te transforma. *Es como cultivar un jardín oculto dentro de ti, que florece a medida que lo cuidas con conciencia e intención.*

A medida que la Nueva Era, el paganismo y los caminos espirituales alternativos han ido ganando popularidad, **el atractivo de estos poderosos seres oscuros se ha hecho más fuerte. ¿Por qué?** Porque la Diosa Oscura encarna **la autenticidad y la diversidad, cualidades** que la sociedad moderna suele suprimir. **Al abrazarla, iluminas aspectos de ti mismo y del mundo que han quedado eclipsados.**

Piensa en las partes de ti mismo que te han dicho que ocultes o ignores. *Quizá sea una pasión que no encaja en las normas sociales, o emociones que se consideran inaceptables.* **Estos elementos reprimidos permanecen en la sombra,** como las deidades oscuras de las antiguas leyendas. **La Diosa Oscura te invita a sacarlos a la luz,** a sanarlos y transformarlos. **Te guía hacia el renacimiento,** liberándote de las expectativas y las cargas que obstaculizan tu verdadero yo.

Su energía es potente. **Es una fuerza poderosa,** capaz de reescribir la historia de tu vida. **Al conectar con ella, desbloqueas la libertad y el poder de la divinidad femenina,** remodelando tu narrativa de manera profunda.

La Diosa Oscura no es más que una faceta de la divinidad femenina. Muchos buscadores se sienten atraídos por diosas que encarnan la luz y la positividad. **Pero la vida no siempre es sol y serenidad, ¿verdad? A veces, te ves obligado a ahondar en el lado oscuro de la diosa,** porque es ahí donde residen las respuestas a tus dolores y desafíos más profundos.

Imagine que se enfrenta a un periodo difícil de su vida: una pérdida, una traición, una profunda decepción. *En esos momentos, el reconfortante abrazo de la luz puede no ser suficiente.* **Es en las profundidades de la sombra donde encuentras la resistencia,** la fuerza para enfrentarte a la adversidad y superarla. **La Diosa Oscura está a tu lado**, una aliada inquebrantable que comprende la complejidad de tus emociones.

Es importante reconocer que estas deidades se etiquetan como "oscuras" no porque sean malévolas, sino porque ciertas culturas las malinterpretaron o las temían. En las sociedades patriarcales, **las deidades femeninas poderosas se asociaban a menudo con la guerra y la destrucción**, y su fuerza se interpretaba erróneamente como una amenaza. **Los patriarcas afirmaban que albergaban un inusitado deseo de derramar sangre**, lo que las tachaba de negativas.

Pero en las culturas que honran las energías femeninas oscuras, **la Diosa Oscura es acogida como parte integrante del todo.** Representa las experiencias necesarias, aunque a veces aterradoras, de la vida. **Mientras que sus aspectos más luminosos nutren y curan, sus lados más oscuros te enseñan a luchar, a enfrentarte a tus enemigos -tanto externos como internos- y a superar obstáculos formidables.**

Imagina que te mantienes firme ante la adversidad, sacando fuerzas de una fuente profunda. *Es como acceder a un antiguo pozo de coraje y resistencia que te capacita para superar cualquier desafío.* **Este es el don de la Diosa Oscura.**

En muchas leyendas e historias, **las Diosas Oscuras fueron invocadas para ahuyentar el verdadero mal y purificar lo que estaba contaminado. Son guerreras y protectoras**, no destructoras. **Al abrazar su energía**, aprendes no sólo a enfrentarte a la oscuridad, sino a transformarla, emergiendo más fuerte y auténtico.

Jung y el yo en la sombra

El arquetipo de la Diosa Oscura es misterioso, destructivo, caótico y a menudo se asocia con lo oculto. Sin embargo, también es transformador y ofrece una visión holística de uno mismo y de la naturaleza. La naturaleza de estas deidades femeninas es oscura y refleja la experiencia del empoderamiento femenino. Esta naturaleza encarna perfectamente lo que el célebre psicólogo Carl Jung llamó el **"yo en la sombra"**.

En muchas religiones, la Diosa Oscura representa la parte de la naturaleza que hay que evitar o impedir que florezca. A pesar de las diferencias en sus historias, las Diosas Oscuras de las culturas orientales y occidentales eran vistas de forma similar. En las sociedades occidentales, el arquetipo se consideraba una proyección del patriarcado, asociado a intenciones hostiles y a la guerra.

En lo que respecta a la naturaleza humana, la oscuridad era algo de lo que se animaba a la gente a mantenerse alejada. Aunque pueda parecer sensato desaconsejar abrazar nuestro yo más oscuro, **reprimir nuestra sombra nos impide comprender nuestra verdadera naturaleza, nuestros valores y nuestras necesidades espirituales.** Como buscador, puede que sientas la necesidad de explorar esta parte más profunda de ti mismo.

Profundizar en la psicodinámica de Jung y en el análisis teórico de la psique humana resulta aquí esencial. Carl Jung se ocupaba principalmente de la psique humana, pero él y sus alumnos también investigaron el concepto de diosa, tendiendo un puente entre el psicoanálisis y las prácticas esotéricas. Jung se refería a la diosa como **anima** o **anima mundi -que** significa **alma del mundo-, dando a entender** que vivimos en un mundo centrado en la diosa y que la diosa vive dentro de cada uno de nosotros.

Según Jung, el arquetipo de la Diosa Oscura es la manifestación del "**yo en la sombra**", **que se** opone al "**yo del ego**". El yo representa la totalidad de la psique, combinando las partes subconsciente y consciente. Como el núcleo más auténtico de tu ser, el yo da lugar a rasgos y caracteres, incluyendo la persona y el ánima/animus, las partes de género del subconsciente colectivo. **El ánima** es cómo la psique masculina imagina lo femenino, y el **ánimus** es cómo la psique femenina infiere lo masculino. La persona es la parte de ti mismo que presentas al mundo.

Jung consideraba que el ego es el núcleo y el motor principal de la persona, la parte de la que uno es consciente y controla a través de sus acciones. Sin embargo, creía que el ego debía tener un equilibrio. Mientras trataba a pacientes, descubrió que, en el fondo, las personas siempre son conscientes de su verdadera naturaleza y personalidad, aunque no lo muestren al mundo exterior. Llamó a esta parte oculta "**la sombra**" y argumentó que llegar a ella requiere un inmenso esfuerzo.

Al tomar conciencia de tu yo en la sombra, puedes identificar los aspectos más oscuros de tu personalidad y reconocerlos como partes reales de tu existencia. Para la mayoría de las personas, esto va en contra de todas sus creencias básicas, por lo que se resisten de forma natural a admitir su yo en la sombra. La razón principal de la resistencia se encuentra en el concepto teológico patriarcal del mal, que dicta que la parte oscura de uno mismo es mala y, por tanto, debe reprimirse.

Jung denominó **Individuación** al proceso de toma de conciencia de la propia naturaleza compleja. Enfrentarse a la sombra es el primer paso de este viaje. En lugar de ver el lado oscuro como algo de lo que avergonzarse, Jung animaba a la gente a enfrentarse a la parte de sí mismos que les impulsa a hacer cosas negativas. Afirmaba que, puesto que se trata de partes naturales de la personalidad de cada uno, **es mejor conocerlas de cerca que evitarlas como si fueran a llevarnos a la corrupción.**

La teoría de Jung sobre el arquetipo de la Diosa Oscura como epítome del yo sombrío ofrece una forma fantástica de describir y experimentar los sentimientos interiorizados. Lo que es inefable para algunas personas, los seguidores de las Diosas Oscuras pueden abrazarlo como una experiencia natural sin prejuicios, dudas ni preguntas. **Independientemente de tus creencias, la diosa te enseña la importancia de la experiencia,** validando eficazmente las cosas que no puedes explicar a través de pensamientos y conceptos racionales.

Las teorías de Jung proporcionan una fuente de poder intrínseca y genuina en la Diosa Oscura. Ya sea identificándola como una divinidad femenina individual en un vasto panteón de deidades o viéndola como el rostro de una diosa polifacética, así es exactamente como se representa el arquetipo en varias religiones.

Apoyando las afirmaciones de Jung sobre el esfuerzo necesario para enfrentarse a la oscuridad interior, muchos relatos describen el alto precio que pagan quienes se acercan a la diosa. **Conocidas por llevar a la gente al borde del agotamiento psicológico extremo, estas oscuras fuerzas femeninas exigen mucho.** No se puede esperar lo mejor al encontrarse con estas deidades. **Se desaconseja interactuar con ellas a menos que se esté realmente preparado para manejar su poder.**

Los practicantes a menudo describen que experimentan un cambio negativo significativo cuando invocan a una Diosa Oscura. Teniendo en cuenta las teorías de Jung, esto es de esperar. **Enfrentarte a tu yo oscuro hace aflorar muchas emociones negativas, como el miedo, la impotencia, la ansiedad y la debilidad.** Sin embargo, sin experimentarlas, no puedes aprender a ser fuerte. Si nunca te enfrentas a nada que te perturbe o asuste, ¿cómo sabes que tendrás el valor de superarlo? **Sólo si te enfrentas a tus debilidades podrás entender lo que hace falta para reunir tu fuerza.** *Es una lección poderosa pero muy necesaria que enseña el arquetipo.*

Las diosas también muestran que, al igual que todo el mundo puede ser compasivo y cariñoso cuando tiene poder, **su poder también puede provenir de la ira, el dolor y otras emociones y experiencias negativas, y utilizarlo para grandes fines.**

Enfrentarse a tu yo oscuro a menudo resulta en la destrucción de creencias previas, pero esto es necesario para reconstruirte a ti mismo. Antes de trabajar con la Diosa Oscura, puede que vivas impulsado únicamente por la parte consciente de ti mismo. Después, **te vuelves completo y encuentras tu fuerza individual. Aquí es donde reside el verdadero poder del arquetipo de la Diosa Oscura.**

Con el tiempo, las teorías de Jung que vinculaban el arquetipo a la personalidad y la psique de una persona fueron ampliamente aceptadas. A algunos sólo les intrigaba este misterioso poder, mientras que otros se dieron cuenta de la importancia de seguir explorando este arquetipo tan olvidado. Curiosamente, Jung consideraba a la Diosa Oscura tanto como una sombra femenina (**ánima**) como el aspecto oscuro de la sombra masculina (**ánimus**). Esto explica por qué tanta gente no quiere aceptar este aspecto de su psique. **Va en contra del ego masculino, al que no le gusta pensar que tiene debilidades, miedos e inseguridades.**

Sin embargo, **la sombra sabe que estas debilidades existen** y, contrariamente a otras creencias populares, no es maligna ni negativa. La sombra femenina capacita a la persona para reconocer esta parte de su psique: debilidades, defectos y todo lo demás.

La multitud de Diosas Oscuras con las que puedes trabajar tienen sus propios poderes particulares. **Al invocar a aquellas con las que te identificas o que realmente necesitas, puedes encontrar el camino a seguir en tu viaje de empoderamiento.** Por ejemplo, invocar a una diosa que simbolice la libertad y la lujuria puede ayudarte a suprimir el sentimiento de culpa por no seguir ciegamente las expectativas de la sociedad -casi *nadie lo hace porque es imposible, dadas las muchas que hay y lo desconcertantes que pueden llegar a* ser-. Del mismo modo, invocar a una diosa de la transformación puede ayudarte a curarte de traumas pasados y utilizarlos para ilustrar tu crecimiento.

Los que siguieron los pasos de Jung ayudaron a transformar la diosa de un simple arquetipo en un movimiento en toda regla. Sacaron el arquetipo de la psique causal y lo llevaron al mundo real, demostrando su existencia. Esto ayudó a popularizar el concepto de lo divino femenino, tanto en su propia naturaleza trascendente -que ayuda a identificarlo en uno mismo- como en tanto que fuerza impulsora de las nuevas y resurgentes religiones que veneran a las Diosas Oscuras como seres divinos trascendentes.

Representaciones de arquetipos

En muchas culturas, **la Diosa Oscura es vista como una figura siniestra**, una entidad femenina con orígenes arraigados en antiguas tradiciones mucho más antiguas que los mitos de sus homólogas benévolas. **Se la conoce con muchos nombres - Madre de la Sangre, Señora de la Destrucción-, títulos** que evocan tanto el miedo como el temor. Las religiones y tradiciones populares suelen representar a estas deidades oscuras como mujeres de belleza impresionante en la flor de la vida, ataviadas con atuendos provocativos o a veces desnudas. **Las leyendas afirman que, en la antigüedad, estas diosas sólo podían ser apaciguadas mediante sacrificios humanos** y que **sus nombres nunca debían pronunciarse en voz alta.**

Pero **como buscador**, puede que sientas que hay algo más bajo estas representaciones ominosas. **Estas representaciones, aunque ensombrecidas por la oscuridad, en realidad empoderan a las mujeres más allá del arquetipo de diosa nutricia.** Sí, su empoderamiento puede provenir de asociaciones con lo oculto y lo misterioso, pero **desempeñan papeles vitales en la evolución personal y el crecimiento colectivo.**

Puede que el empoderamiento femenino se oculte tras conceptos esotéricos y prácticas paganas mal entendidas, pero está claro que, trabajando sobre sí mismas y abrazando su ser completo, **las mujeres pueden acceder a este poder. No es necesario ajustarse a un ideal sereno y pasivo para ser poderosa. La Diosa Oscura no teme resaltar el principio femenino oscuro. No tienes que adoptar comportamientos masculinos para ser tan poderosa como los hombres. Puedes encontrar el empoderamiento en tu interior,** abrazando tu propia naturaleza para sentir, comportarte y crecer como una igual. *Piensa en una leona liderando su manada con fuerza y gracia.*

Al mismo tiempo, **el arquetipo enseña a los hombres que reconocer sus debilidades no merma su masculinidad.** *Imagina a un guerrero que conoce sus vulnerabilidades y las convierte en fortalezas.* Los seguidores de las Diosas Oscuras aprenden que ambos géneros tienen mucho más que ofrecer que las cualidades que tradicionalmente se les atribuyen. **Nadie encarna un ideal perfecto de nunca hacer daño a nadie o de nunca cometer errores.** Es imposible. **Si no, al final te harás daño a ti mismo.**

No es raro que las Diosas Oscuras sean retratadas como oportunistas y vengativas, especialmente cuando castigan a los mortales. Sin embargo, **los verdaderos seguidores saben que su ira nunca carece de causa. A veces, la gente necesita una poderosa lección para comprender su conexión consigo misma y con todos los seres del universo.** A su manera, **estas diosas enseñan a sentir empatía por todo y por todos los que te rodean, empezando por ti mismo.** Tanto si te identificas con una diosa de la transformación como con una hechicera guerrera, **te mostrará cómo abrazar tus propios valores y carácter. La resonancia que sientes en tu interior es clave para trabajar con cualquier arquetipo, y esto no es diferente con la Diosa Oscura.** *Puede que sientas una conmoción en tu alma cuando leas sobre la sabiduría de Hekate o la feroz protección de Morrigan.*

En algunas tradiciones, **la Diosa Oscura es la unificación de dos energías opuestas. Se podría creer, como Jung, que una persona es un todo hecho de dos opuestos dentro de sí misma.** Al unir los dos poderes divinos, **nace una energía nueva y más poderosa.** A diferencia de las culturas que retratan el arquetipo como algo que socava otras fuerzas, aquí **la diosa es empática y noble, y reconoce la necesidad de equilibrio en la naturaleza. Donde hay luz, tiene que haber oscuridad.** Por lo tanto, las fuerzas divinas opuestas son necesarias e iguales. **Aunque se las representa como temibles e implacables, las Diosas Oscuras muestran excelencia de carácter personal -sólo es cuestión de**

reconocerlo. Son valientes y arrojadas, dispuestas a enfrentarse a cualquier desafío en busca de la victoria.

Quienes exploran la alquimia y prácticas similares creen que **abrazar a la Diosa Oscura conduce a una transformación radical**, equipando a la persona para descubrir y cultivar la empatía, el amor y la fuerza. Aunque algunas de estas cualidades no se asocian normalmente con las energías femeninas oscuras, **muchas representaciones del arquetipo muestran que evocar a las Diosas Oscuras resulta en un crecimiento personal y espiritual. Al aprender empatía cuando trabajas con una Diosa Oscura, te vuelves más capaz de comprender tus propios defectos y también los de los demás.** Después de todo, **¿quién mejor para enseñarte sobre la aceptación que alguien considerado aterrador, mortal e inaccesible?** *Es como encontrar la paz en el ojo de la tormenta.* Si puedes aceptarlos tal y como son, **podrás abrazar tu verdadera personalidad y la de los demás,** tanto si se perciben como terribles, increíbles, relacionables o cualquier otra cosa.

En la mayoría de las culturas, **la Diosa Oscura representa algo inexplicable, intangible e incontrolable. Por eso, trabajar con ellas beneficia a todo buscador espiritual,** incluso a los practicantes avanzados. A menudo, lo que se atribuye a estas cualidades se considera malo o maligno, incluidas partes de ti mismo. **Tú tienes todos estos valores dentro de ti, recordándote tu interconexión con todo en la naturaleza. Trabajar con una Diosa Oscura hace que estos aspectos parezcan más reales y tangibles.** Muchos creen que los arquetipos pueden ayudar a hacer frente a lo imprevisto: muchas **de las acciones de las Diosas Oscuras se consideraban así en los mitos y creencias.**

Quienes antes temían lo caótico desconocido que había en su interior aprendieron, tras trabajar con una Diosa Oscura, que el hecho de que haya algo que no sabían de sí mismos no significa que deban temerlo. **Este arquetipo de poder femenino oscuro se convirtió en una herramienta indispensable para el autodesarrollo. Además de disuadir tus miedos de las partes ocultas de ti mismo,** las Diosas Oscuras pueden mostrarte cómo integrarlas en tu psique consciente.

La Diosa Oscura simboliza un lado profundo y a la vez desafiante de la existencia, fuerzas que han moldeado vidas desde el principio de los tiempos. Aunque las interpretaciones y el simbolismo de estas energías divinas femeninas varían según las creencias, **estas infinitas variaciones son la razón por la que las personas con necesidades individuales pueden identificarse con ellas. Puedes encontrar tu propia forma de trabajar con una o varias Diosas Oscuras y embarcarte en un viaje lleno de acontecimientos y descubrimientos.**

DIOSAS GRECORROMANAS

Aunque nombres como **Hera**, la majestuosa reina de los dioses, y **Atenea**, la sabia y estratégica diosa de la sabiduría y la guerra, salen de la lengua de la gente sin esfuerzo, **hay otras figuras intrigantes y menos reconocidas en la mitología griega. Como buscador**, puede que te sientas atraído por estas enigmáticas deidades: **Perséfone**, **Nyx** y **Hekate**, entre ellas. A menudo tachadas de "oscuras" o "malvadas", **comprender sus orígenes e historias puede arrojar luz sobre su verdadera naturaleza.**

Pensemos en **Perséfone**. Su historia no es de malevolencia, sino de profunda transformación. **Llevada al inframundo por Hades,** se convierte en la reina de un reino a menudo temido. Sin embargo, **su viaje simboliza el ciclo de la naturaleza**, donde la vida pasa por periodos de letargo y renovación. **En primavera, cuando Perséfone regresa a la superficie de la Tierra, trae consigo las flores y la belleza de la estación**. *Piensa en las veces que has salido de un periodo difícil sintiéndote renovado y listo para florecer*. **Perséfone no es mala, sino que encarna el ciclo perpetuo de la naturaleza.**

También está **Nyx**, la diosa primordial de la noche. **Más antigua que los dioses y diosas del Olimpo**, es la madre de conceptos esenciales como el Sueño y la Muerte. **Nyx no es malvada; encarna la tranquilidad y el descanso que proporciona la noche. Su abrazo oscuro es un momento de recarga y renovación**, como los momentos de paz que se viven bajo un cielo estrellado. *Imagina la serenidad que sientes durante una noche* *tranquila, con el mundo en silencio, ofreciéndote espacio para reflexionar y restaurarte.* **Nyx ofrece ese santuario.**

Hekate, la diosa de las encrucijadas, la magia y la brujería, es otra figura incomprendida. **En la antigua Grecia, se la invocaba en las encrucijadas en busca de guía y protección frente a fuerzas invisibles.** Su asociación con la magia hizo que a veces se la tachara de siniestra. Sin embargo, **es un símbolo del conocimiento y el poder que se encuentran en lo desconocido y en las decisiones que se toman en la vida. Hekate está en los umbrales,** iluminando el camino. *Imagínate en una encrucijada de la vida, sin saber qué dirección tomar: Hekate ilumina el camino, animándote a confiar en tu intuición.*

Estas diosas no son realmente malvadas u oscuras en el sentido en que se podría pensar en los villanos. Representan distintas facetas del cambio vital, los misterios de la noche y la sabiduría oculta en el mundo. Al explorar sus historias, se aprecia más profundamente la complejidad de la vida y la naturaleza. Como buscador, descubrirás que **adentrarte en sus historias refleja tu propio viaje,** abrazando tanto la luz como la sombra.

Con tanta literatura disponible hoy en día, es **difícil separar las historias originales de las interpretaciones modernas.** Sin embargo, **conocer cómo se entendía a estas diosas en su contexto antiguo revela su verdadero significado y lugar. Al desentrañar las verdades ocultas y las historias no contadas de Perséfone, Nyx, Hekate y sus misteriosas contrapartes,** se arroja luz sobre los aspectos enigmáticos y cautivadores de la mitología griega que han permanecido durante mucho tiempo en la sombra.

Hekate

Hekate, diosa de las encrucijadas, la magia y la brujería, emerge de las sombras de la historia antigua con un aura de misterio y poder. Como buscador que se adentra en las profundidades de la feminidad divina, Hekate no es sólo una deidad, sino también una guía por los intrincados caminos de la vida.

Es una de los Titanes, deidades primordiales que existieron antes que los dioses y diosas del Olimpo. Nacida de Perses y Asteria, Hekate encarna el arquetipo de la triple diosa -la doncella, la madre y la crona-, que refleja las fases de la luna y los ciclos de la vida. Esta conexión entrelaza su esencia con el tejido mismo de los misterios del universo.

En los relatos épicos de antaño, la neutralidad de Hekate durante la Titanomaquia -la gran batalla entre Titanes y Olímpicos- la distingue. No se decantó por ningún bando, evitando así el destino de encarcelamiento de muchos Titanes. Su habilidad para navegar entre la luz y la oscuridad, la vida y la muerte, le otorga un lugar único entre los dioses. Se mueve por espacios liminales, esos reinos intermedios que pocos se atreven a pisar.

La asociación de Hekate con las encrucijadas es fundamental en su mitología. En la antigua Grecia, los viajeros dejaban ofrendas en las encrucijadas, buscando su protección y guía. Estos lugares simbolizan las elecciones y transiciones de la vida. Cuando uno se encuentra en una encrucijada, puede sentir su presencia, una fuerza invisible que le guía a través de la incertidumbre. Ella abre las puertas entre el mundo de los mortales y el reino de los espíritus, ofreciendo sabiduría cuando el camino parece poco claro.

La magia y la brujería son reinos en los que Hekate reina suprema. Bajo el manto de la noche, sus seguidores la invocaban en rituales y hechizos, sobre todo los relacionados con la luna. Sus antorchas atraviesan la oscuridad, iluminando las sombras físicas y metafóricas. Ella guarda los misterios de lo oculto, y quienes buscan su favor creen que puede otorgar profundos conocimientos y poder. No se trata simplemente de manejar la magia, sino de comprender las fuerzas invisibles que dan forma a nuestras vidas.

Consideremos el mito de Hekate y el rapto de Perséfone. Cuando Hades se llevó a Perséfone al inframundo, su madre Deméter se sintió consumida por el dolor. Hekate, portando sus antorchas, ayudó a Deméter en la búsqueda de su hija. Juntas, navegaron por la oscuridad, simbolizando la esperanza y la guía en medio de la desesperación. El papel de Hekate no es el de una fuerza maligna, sino el de una ayudante compasiva que tiende un puente entre los vivos y los muertos.

En las historias de héroes, Hekate aparece una y otra vez. Ayudó a los griegos durante la guerra de Troya, ofreciéndoles guía y protección. Medea, la famosa hechicera y sacerdotisa de Hekate, invocaba los poderes de la diosa en sus propias prácticas mágicas. Cuando Teseo se aventuró en el laberinto para enfrentarse al Minotauro, Hekate le proporcionó luz y sabiduría, asegurando su regreso a salvo. Es una facilitadora de grandes hazañas, apoyando a aquellos que se atreven a buscar su ayuda.

Los perros suelen acompañar a Hekate en las representaciones mitológicas. Se creía que el aullido nocturno de los perros señalaba su presencia. Son sagrados para ella, símbolos de lealtad y protección. En algunos relatos, incluso puede transformarse en perro, lo que subraya su estrecho vínculo con estos animales. Sus agudos sentidos y su naturaleza protectora reflejan su propia vigilancia de los umbrales entre los mundos.

Los paseos nocturnos de Hekate están rodeados de intriga. Se dice que durante la luna oscura vaga por la tierra, acompañada por espíritus inquietos y los inquietantes sonidos de la noche. Las ofrendas que se dejaban en los cruces de caminos en esas épocas servían para apaciguarla y pedir su bendición. Es un recordatorio de su dominio sobre lo invisible, los aspectos de la existencia que están más allá de la percepción ordinaria.

También participó en la búsqueda del Vellocino de Oro. Jasón y los argonautas buscaron su ayuda para navegar por aguas traicioneras y superar desafíos de enormes proporciones. Hekate les proporcionó conocimientos y orientación, demostrando su voluntad de ayudar a quienes emprendían viajes peligrosos. Su sabiduría es un faro para héroes y buscadores. En el mito de Perseo y Medusa, la influencia de Hekate es evidente.

Proporcionó a Perseo un escudo pulido para que lo usara como espejo, permitiéndole enfrentarse a Medusa sin sucumbir a su mirada petrificadora. Este acto subraya el papel de Hekate como protectora y proveedora de soluciones inteligentes. Capacita a los demás para enfrentarse a los miedos y superar los obstáculos.

La tutela de Hekate se extiende al ámbito del parto. Las madres la invocaban para proteger a sus recién nacidos, confiando en su capacidad para alejar a los espíritus malignos.

Vela por los más vulnerables, garantizándoles un paso seguro a la vida. Su influencia en estos momentos críticos pone de relieve su conexión tanto con los comienzos como con los finales.

A lo largo de estos mitos, no se representa a Hekate como inherentemente malvada o malévola. Más bien encarna la dualidad: el equilibrio entre la luz y la oscuridad, la vida y la muerte, lo conocido y lo desconocido. Su reino abarca las complejidades de la existencia, las sombras que dan profundidad a la luz. Es una guía, una protectora y una fuente de profunda sabiduría.

A medida que exploras las historias de Hekate, descubres capas de significado que resuenan con tu propio viaje.

Ella te invita a abrazar lo desconocido, a encontrar la fuerza en las sombras y a confiar en la guía que viene de tu interior. Las antorchas de Hekate iluminan el camino no sólo de los héroes de antaño, sino de cualquiera que esté dispuesto a buscar su sabiduría.

Perséfone

Perséfone, hija de Deméter -la diosa de la agricultura- y Zeus, el rey de los dioses, era una joven diosa radiante y alegre. **Su nombre, que significa "portadora de destrucción" o "portadora de muerte", insinuaba un destino que aún no podía comprender**. Dondequiera que fuera, **irradiaba vida y crecimiento**, un verdadero símbolo de la Tierra generosa.

Antes de su fatídico encuentro con Hades, Perséfone llevaba una vida despreocupada junto a su madre. Pasaba los días en prados bañados por el sol, cuidando flores y cultivos. **Su risa hacía florecer las flores; su alegría hacía florecer los campos**. El mundo prosperaba bajo su suave toque.

Entonces llegó el día en que la tierra bajo sus pies **se abrió sin previo aviso**. Hades, en su tenebroso carro, emergió y la apresó. **Los gritos de auxilio de Perséfone resonaron en el silencio**, sin ser oídos por los de arriba. Llevada contra su voluntad, descendió a las profundidades del inframundo. El mundo brillante e iluminado por el sol que conocía desapareció, sustituido por un sombrío reino de muerte.

En el inframundo, **su desesperación era profunda**. Añoraba a su madre, el calor del sol, la vida que había perdido. Sin embargo, con el paso del tiempo, empezó a **asumir su papel de reina de los muertos**. Se convirtió en una figura compasiva, que ofrecía consuelo a las almas que moraban allí. **Su fuerza y su capacidad de adaptación brillaron**, abrazando su nuevo papel a pesar de las dificultades.

Al adentrarte en su historia, **puedes sentir el peso de su transformación**. Arriba, el mundo lloraba su ausencia. Deméter, desconsolada, permitió que la Tierra se marchitara. **Las cosechas**

fracasaron; el hambre se apoderó del reino mortal. La vitalidad que Perséfone trajo una vez no se encontraba en ninguna parte.

Deméter emprendió una búsqueda incansable para encontrar a su amada hija. Buscó en todos los rincones del mundo, apelando a dioses y mortales por igual. Sin embargo, **nadie podía revelar el paradero de Perséfone**; sólo Hades conocía la verdad.

Zeus, testigo del sufrimiento de dioses y mortales, decidió intervenir. Instó a Hades a liberar a Perséfone, reconociendo que su regreso era esencial para restablecer el equilibrio. Hades accedió, pero con una condición. **Como Perséfone había consumido seis granos de granada en el inframundo**, estaba obligada a pasar seis meses al año con él. **Estos meses se convirtieron en la estación invernal**, cuando el mundo de arriba quedaba envuelto en el frío y la oscuridad.

Cuando Perséfone regresó con su madre, **su alegre reencuentro dio paso a la primavera**. La Tierra volvió a la vida. **Las flores florecían donde ella pisaba; los campos reverdecían bajo su mirada**. El mundo celebró el renacimiento de la naturaleza y el regreso de su querida diosa.

Durante su ausencia en el inframundo, **los espíritus añoraban su presencia**. El reino de los muertos se sentía más vacío sin su compasión y guía. **Incluso en la tierra de las sombras, aportaba una luz que se echaba mucho de menos.**

La historia de Perséfone simboliza el ciclo eterno de las estaciones. **Su descenso a los infiernos marca la llegada del invierno**, tiempo de letargo y reflexión. **Su regreso anuncia la primavera**, época de renovación y crecimiento. Este ciclo refleja su doble naturaleza: **diosa de la primavera y reina del inframundo.**

Como diosa oscura, Perséfone está asociada a los misterios del inframundo. **No es malvada**; su reino es el de las sombras, la muerte y la transformación profunda. **Su viaje de doncella despreocupada a reina poderosa pone de relieve su profundidad y resistencia.** Su historia nos recuerda, como buscadores de la verdad, el delicado equilibrio entre la vida y la muerte en el mundo natural.

A pesar de la oscuridad que la rodea, **Perséfone sigue siendo una soberana compasiva y justa.** Equilibra la balanza de la justicia y reconforta a las almas en el más allá. **Su regreso anual a la superficie trae alegría y rejuvenecimiento,** simbolizando el ciclo de renovación esencial para la vida.

Al explorar la historia de Perséfone, **se descubren capas de significado y sabiduría.** Encarna la luz y la oscuridad, el crecimiento y la decadencia, la alegría y la tristeza. **Su historia te invita a abrazar las complejidades de tu interior,** a encontrar la fuerza en la adversidad y a reconocer los ciclos de cambio que dan forma a tu propio viaje.

Nyx

Nyx, una diosa tan antigua como el tiempo, surgió del **Caos**, el vacío primigenio del que surgió todo el cosmos. **Encarna la noche**, la personificación misma de la oscuridad, y es anterior incluso a los poderosos dioses olímpicos. **Figura de profunda belleza envuelta en un halo de misterio**, su dominio va mucho más allá de la noche física. Gobierna los conceptos abstractos asociados a la oscuridad, lo que la convierte en una deidad de inmensa influencia. En el reino de la noche, preside el sueño, los sueños e incluso la muerte.

Uno de los aspectos más fascinantes de Nyx es su numerosa y diversa descendencia. Entre ellos destaca **Hypnos**, el dios del sueño, conocido por proporcionar descanso y sueños a los mortales. **Tánatos**, la personificación de la muerte, representa la transición pacífica de la vida al más allá. **Moros**, el dios de la fatalidad inminente, subraya el destino ineludible que aguarda a todos los seres. **Eris**, la diosa de la lucha, prospera en las sombras, sembrando la discordia y el conflicto, a menudo ocultos bajo el manto de la oscuridad. **Apate**, la deidad del engaño, y **Geras**, que representa la marcha inevitable de la vejez, son otros vástagos de Nyx. **Esta diversidad de sus hijos subraya la complejidad de las fuerzas que preside.**

La presencia de Nyx en la mitología griega es omnipresente, aunque no destaque tanto como otras deidades. A menudo se la invoca durante los rituales nocturnos, cuando el mundo está envuelto en los misterios de la oscuridad. **Nyx posee un inmenso poder sobre las transiciones**, ya que preside el paso de la vigilia al sueño, de la vida a la muerte y de la conciencia al mundo etéreo de los sueños. Su influencia se extiende a las profundidades del subconsciente, al reino de los sueños y a las enigmáticas fuerzas que gobiernan la existencia. **Es la verdadera representación de una Diosa Oscura.**

En la antigua ciudad de Thespiae, Nyx era venerada como la **Virgen Oscura**, guardiana de los misterios y los ritos sagrados. **Ataviada con su manto oscuro, Melanokhyton**, que significa "manto negro", se movía silenciosamente por la noche, **sintiendo su presencia más que viéndola.** Los habitantes de Tespias la tenían en gran estima, pues creían que velaba por ellos mientras dormían y que **su manto los protegía de peligros invisibles.**

Los guerreros de Tespias, los **hoplitas oscuros**, llevaban su esencia a la batalla. **Llevaban armaduras adornadas con símbolos de la noche**, invocando el poder de Nyx para ocultarse de sus enemigos. *Imagina a estos hoplitas moviéndose como sombras por el campo de batalla, sus formas fundiéndose con la oscuridad, guiados por la mano invisible de la diosa.* **Creían que, bajo su manto, se fundían con la noche** y adquirían fuerza y sigilo gracias a su influencia divina.

Como buscador, puede que descubras que Nyx encarna los profundos misterios que encierra la oscuridad. **No es malvada,** sino que representa las complejidades y profundidades que a menudo no se comprenden o se pasan por alto. *Piensa en la tranquila quietud de la noche, cuando el mundo duerme y los sueños se desarrollan, un momento sereno y misterioso a la vez.* **Nyx te invita a explorar estas profundidades**, a encontrar la sabiduría en las sombras y a abrazar los aspectos desconocidos de tu propia naturaleza.

En la mitología griega, si bien diosas como Atenea y Afrodita son bien conocidas, **las diosas más oscuras, como Nyx, Perséfone y Hekate, ofrecen una visión más profunda de la psique humana y el mundo natural.** A menudo se las asocia con el misterio y la oscuridad, lo que puede hacer pensar que son malvadas. Sin embargo, al explorar sus historias en este capítulo, queda claro que no son necesariamente malvadas. **Estas Diosas Oscuras son más complejas de lo que las simples etiquetas pueden transmitir.** Sus historias revelan la profundidad y complejidad de la mitología griega y demuestran que términos como "oscura" o "malvada" son demasiado simplistas para describir a estas deidades polifacéticas.

La influencia de Nyx no sólo se ejerce sobre la noche física, sino también sobre las transiciones y transformaciones que se producen en nuestro interior. Gobierna los espacios entre la luz y la oscuridad, la conciencia y la inconsciencia, la vida y la muerte. **Al abrazarla, puede que te guíe en tus propios periodos de cambio,** sacando fuerzas de las mismas sombras que una vez te parecieron desalentadoras.

Imagina que estás bajo un cielo repleto de estrellas, con la vasta extensión del universo sobre ti. **En ese momento, podrías sentirte conectado a Nyx,** la encarnación de la noche, **un recordatorio de las infinitas posibilidades que encierra la oscuridad. Ella es el velo que oculta y revela a la vez,** invitándote a mirar más allá de la superficie y explorar las profundidades de tu propio ser.

Juno - Hera

Hera, la reina de los dioses en la mitología griega, y su homóloga romana, Juno, suelen celebrarse como diosas del matrimonio y el parto. **Pero como buscador que profundiza en sus historias, descubres las facetas más oscuras de su divinidad.**

Hera no es sólo la digna esposa de Zeus; **encarna el poder feroz y sin complejos de la divinidad femenina. Su ira es legendaria,** especialmente contra aquellos que traicionan su confianza. Cuando las infidelidades de Zeus dan lugar a descendencia, **la venganza de Hera es rápida e implacable.** *Piensa en cómo atormentó a Hércules, enviando serpientes a su cuna y locura a su mente.* **Estas acciones revelan a una diosa que ejerce su poder sin vacilar,** exigiendo respeto y lealtad.

Aunque no se asocian directamente con la brujería, **la profunda influencia de Hera y los rituales secretos que se celebran en su honor apuntan a un aspecto más profundo y misterioso de su culto.** En algunas regiones, **las mujeres se reunían en ceremonias privadas para invocar la protección y la guía de Hera,** tratando de aprovechar su fuerza en sus propias vidas. **Estos ritos, rodeados de misterio, permitían a las mujeres conectar con las poderosas energías que Hera representa.**

En la mitología romana, Juno desempeña un papel complejo y polifacético. Es la protectora del Estado, la guardiana de las mujeres y una deidad que puede desatar una furia formidable. El lado oscuro de Juno emerge en los mitos en los que se opone a héroes como Eneas, poniendo obstáculos en su camino para poner a prueba su determinación. *Su implacable persecución para impedir el viaje de Eneas a Italia demuestra su inmenso poder y determinación.*

Los antiguos rituales romanos solían hacer hincapié en los aspectos enigmáticos de Juno. Festivales como la **Matronalia** la celebraban como Juno Lucina, diosa del parto, pero **también había ceremonias más aisladas en las que las mujeres buscaban su favor. Estas reuniones, veladas en secreto, permitían a las mujeres honrar la fuerza de Juno y buscar su empoderamiento,** aunque no estaban explícitamente vinculadas a la brujería.

A través de estos relatos, Hera y Juno emergen no sólo como diosas del matrimonio y el parto, sino como poderosas figuras que encarnan los aspectos más oscuros y complejos de la feminidad. Representan la capacidad tanto de crear como de destruir, de nutrir y de proteger ferozmente lo que aprecian.

Si exploras sus mitos, descubrirás que **Hera y Juno te ofrecen una visión profunda de cómo abrazar todo el espectro de lo divino femenino.** Te recuerdan que **la fuerza, la pasión e incluso la ira justificada son partes integrantes de tu diosa interior,** que esperan a ser reconocidas y aprovechadas.

Diana y Artemisa

Artemisa, la diosa de la caza, la naturaleza y la luna, se mueve en silencio por los bosques sombríos. **Los buscadores** pueden sentir su presencia cuando el aire de la noche es fresco y la luna está baja en el cielo. **Encarna la mística de lo salvaje y las fuerzas indómitas de la naturaleza.**

Artemisa no sólo es una cazadora, sino que también **está profundamente vinculada a la magia y la brujería**. En la quietud de la noche, **su influencia sobre lo arcano se hace más potente. A menudo se la asocia con los ciclos de la luna**, que las brujas han venerado durante mucho tiempo por su importancia en las prácticas mágicas.

En la antigüedad, **las sacerdotisas de Artemisa se reunían en arboledas secretas** y celebraban rituales bajo la luz plateada de la luna. Buscaban su guía, invocando su nombre para bendecir sus hechizos y encantamientos. **Su conexión con la magia está entretejida en el tejido mismo de su ser**, ligada a los misterios de la luna y los reinos ocultos.

Artemisa es una diosa doncella que abraza su independencia y autonomía. **Representa el espíritu salvaje**, libre de ataduras, que vaga por bosques y montañas. Esta feroz independencia se refleja en su dominio de la magia, sin ataduras a las normas o expectativas sociales. **Te enseña a confiar en tus instintos**, a escuchar los susurros del mundo natural.

Consideremos la historia de Acteón, un cazador que se topó con Artemisa mientras se bañaba en un estanque apartado. Enfurecido por su intrusión, **Artemisa lo transformó en ciervo**, y fue despedazado por sus propios perros. **Esta historia ilustra su dominio de la magia transformadora**, un poder a la vez sobrecogedor y temible.

Su hermano gemelo, Apolo, rige el sol, la lógica y la razón. En cambio, **Artemisa rige la Luna**, la intuición y el subconsciente. **Te guía por los paisajes ocultos de la psique**, iluminando los caminos menos transitados. **Su magia es sutil pero profunda**, y se encuentra en el susurro de las hojas, el brillo de las luciérnagas y la fuerza silenciosa de la naturaleza.

Mientras recorres tu camino, **Artemisa te invita a explorar tu propia conexión con la magia. Te anima a abrazar tu naturaleza interior**, a encontrar el poder en la soledad y la comunión con la naturaleza. **Sus ritos suelen incluir rituales realizados a la luz de la luna**, que recurren a las energías lunares para manifestar intenciones y deseos.

En todas las culturas, Diana refleja la esencia de Artemisa en la mitología romana. Es la diosa de la caza, la luna y el parto. La asociación de Diana con la magia es igualmente profunda, y ocupa un lugar venerado entre los practicantes de las artes antiguas.

En los bosques sagrados de Nemi, **los adoradores de Diana se reunían en ceremonias secretas. La llamaban Diana Nemorensis**, la diosa de la arboleda. **Sus sacerdotisas poseían grandes conocimientos sobre hierbas y curación**, y utilizaban sus habilidades para ayudar a los enfermos y a los necesitados. **Herboristería y magia se entrelazaban en el dominio de Diana**, reflejando la profunda conexión entre el mundo natural y el místico.

Diana también está vinculada a Hécate, la diosa de la brujería y de las encrucijadas. **En algunas tradiciones, se las considera aspectos de la misma fuerza divina**, que representan distintas fases de la luna y facetas del poder femenino. **El papel de Diana como diosa lunar la sitúa firmemente en el ámbito de la magia**, donde los ciclos lunares influyen en el flujo y reflujo de la energía.

La leyenda de Aradia habla de una mujer enviada por Diana para enseñar magia y brujería a los oprimidos. **Aradia es representada como la hija de Diana**, una mensajera que comparte los secretos de la magia con la humanidad. **Este relato destaca la conexión directa de Diana con la difusión del conocimiento mágico**, situándola como figura central en la tradición de la brujería.

Como buscador, puede que te sientas atraído por las enseñanzas de Artemisa y Diana. **Ofrecen orientación para abrazar tus propias habilidades mágicas**, animándote a encontrar la armonía con el mundo natural. **Simbolizan la unión de fuerza e intuición**, de acción y reflexión. **Sus historias te animan a buscar el equilibrio**, a honrar tanto la naturaleza salvaje que llevas dentro como la sabiduría que proviene de la comprensión de los ciclos de la naturaleza.

Las fases de la luna desempeñan un papel crucial en la magia, y ambas diosas están íntimamente ligadas a sus ritmos. **La luna creciente es un momento de crecimiento y manifestación**, mientras que **la luna menguante favorece la liberación y la introspección. Al alinear tus prácticas con estos ciclos**, aprovechas las energías que rigen Artemisa y Diana.

En tu viaje, **puede que sientas la llamada a adentrarte en la luz de la luna**, a dejar que el resplandor plateado ilumine tu camino. **La magia de Artemisa y Diana no se limita a los tiempos antiguos; resuena hoy**, invitándote a explorar los misterios que yacen en tu interior y a tu alrededor.

Imagina que estás bajo la luna llena y que el cielo nocturno se extiende infinitamente. **Sientes una conexión con algo más grande**, una agitación de energías que fluyen a través de ti y del mundo. **Éste es el reino de Artemisa y Diana**, donde la magia no sólo es posible, sino natural.

Te enseñan a escuchar el susurro de las hojas, a fijarte en las señales sutiles que te guían. **Desde su punto de vista, la magia consiste en la armonía con la naturaleza**, en reconocer la interconexión de todas las cosas. **Al honrarlas, honras lo sagrado que hay en ti**, y desbloqueas el potencial para tejer magia en todos los aspectos de tu vida.

Artemisa y Diana son poderosas personificaciones de la divinidad femenina, y representan la independencia, la fuerza y la profundidad de la intuición. **Su conexión con la magia y la brujería es un testimonio del poder duradero de estas prácticas**, arraigadas en el respeto por la Tierra y los ciclos que la gobiernan.

Sus historias no son reliquias del pasado, sino inspiraciones vivas que te guían para que abraces a tu propia diosa interior. **Mientras recorres tu camino, recuerda que la luz de la luna que brilla sobre ti es la misma que iluminó los ritos de las antiguas sacerdotisas**, la misma que sigue inspirando hoy a los buscadores de sabiduría y magia.

Medusa la diosa oscura de Atenea

Medusa, con su cabello de serpiente y su mirada petrificadora, es una de las figuras más enigmáticas de la mitología griega. **Como buscador**, puede sentirse atraído por su historia, intuyendo un significado más profundo bajo la superficie. **Encarna la compleja interacción entre belleza y terror, vulnerabilidad y poder**.

Medusa fue antaño una doncella despampanante, cuya belleza no tenía parangón entre los mortales. **Sus ojos brillaban como los mares más profundos** y **su cabello fluía como la seda bajo el sol**. Su resplandor cautivaba a todos los que la contemplaban, pero fue esta misma belleza la que la llevó a su trágica transformación.

Atenea, la diosa de la sabiduría y la guerra, observaba a Medusa con una mezcla de admiración y preocupación. **En algunos relatos, Medusa servía como sacerdotisa en el templo de Atenea**, dedicada a una vida de pureza y devoción. Sin embargo, **un encuentro entre Medusa y Poseidón en el templo sagrado** provocó la ira de Atenea. **Sintiendo que su santuario había sido profanado**, Atenea dirigió su ira contra Medusa.

Con el corazón encogido, **Atenea transformó a Medusa en una Gorgona**, una criatura con serpientes por pelo y una mirada que podía convertir a cualquiera en piedra. Esta transformación no fue un mero castigo, sino **también una forma de protección**. Medusa, antes vulnerable, poseía ahora un poder que la hacía intocable. **Su belleza se convirtió en un formidable escudo** que disuadía a cualquiera que quisiera hacerle daño.

Las Gorgonas, Medusa y sus hermanas Stheno y Euríale, vivían en los confines del mundo. **Su existencia estaba envuelta en el misterio** y simbolizaba los aspectos desconocidos y temidos de lo divino femenino. **Representan las sombras interiores**, las partes de nosotros mismos a las que dudamos en enfrentarnos.

El papel de Atenea en la historia de Medusa revela una faceta más oscura de la diosa. **A menudo se la ve como la personificación de la razón y la estrategia**, pero aquí **actúa por ira y quizás por celos. Este acto muestra la dualidad de Atenea**, que refleja tanto sabiduría como venganza.

Medusa se convierte en una extensión de Atenea, una manifestación de sus emociones reprimidas y de las complejidades de la feminidad. **Es la sombra de la luz de Atenea**, la emoción cruda del pensamiento calculado de Atenea. Esta dualidad te invita a considerar la naturaleza polifacética de lo divino femenino dentro de ti.

La magia y la brujería se entrelazan profundamente con la narración de Medusa. Su mirada es un potente hechizo, capaz de petrificar a quienes se atreven a mirarla. **Las serpientes de su cabello simbolizan la transformación y el renacimiento,** temas habituales en las prácticas mágicas. *La muda de piel de una serpiente* es una renovación, como **la metamorfosis de Medusa.**

En varias tradiciones, **Medusa es venerada como figura protectora. Los amuletos con su imagen, conocidos como Gorgoneiones, se utilizaban para ahuyentar el mal. Su rostro, aunque temible, era un símbolo de protección y poder.** *Los guerreros podían inscribir su imagen en sus escudos,* creyendo que **su aterradora apariencia repelería a los enemigos.**

La conexión entre Medusa y la brujería radica en los temas de la transformación, la protección y la aceptación del poder interior. Representa la capacidad de superar las pruebas personales y convertirlas en fortaleza. Su historia enseña que, incluso ante la adversidad, se puede encontrar la fuerza.

La participación de Atenea añade otra capa. Como diosa de la sabiduría, encarna el conocimiento, un componente clave de la práctica mágica. Su acto de transformar a Medusa puede verse como la iniciación de Medusa en un nuevo reino de existencia, en el que ejerce un inmenso poder.

Las propias Gorgonas son símbolos ancestrales de la fuerza femenina primigenia. Habitan espacios liminales, las fronteras entre lo conocido y lo desconocido. Su magia es cruda e indómita, como los aspectos salvajes de la naturaleza.

Al explorar la historia de Medusa, te enfrentas a temas como el victimismo y el empoderamiento, la injusticia y el castigo. Su narrativa te reta a mirar más allá de la superficie, a ver la fuerza que puede surgir de las dificultades. Te invita a abrazar tus propias sombras, a encontrar la magia en las partes de ti mismo que la sociedad podría pasar por alto.

El legado de Medusa sigue inspirando. Los artistas la representan no sólo como un monstruo, sino como un símbolo de la resistencia y la autonomía femeninas. Encarna el poder transformador de abrazar el verdadero yo, con todas sus complejidades.

Como buscador, puede que sientas una conexión con el viaje de Medusa. Su historia resuena con cualquiera que se haya sentido incomprendido o marginado. Ella enseña que tu poder reside en tu interior, esperando a ser reconocido y aceptado.

A través de la lente de la magia y la brujería, Medusa se convierte en una guía. Te muestra que los momentos más oscuros pueden conducir a un profundo crecimiento personal. Su mirada, antes temida, se convierte en un espejo que refleja la fuerza que posees.

Al abrazar a Medusa, también abrazas las complejidades de Atenea. Reconoces que la sabiduría y la emoción coexisten, que lo divino femenino abarca un espectro de experiencias. **Sus historias entrelazadas ofrecen un rico tapiz de lecciones**, invitándote a profundizar en tu propia psique.

Medusa, la hermosa doncella transformada en Gorgona, es un poderoso símbolo de transformación. **Su historia no es sólo trágica**, sino de recuperación y empoderamiento. **Encarna la magia que surge cuando se abrazan todas las facetas de uno mismo**, tanto las luminosas como las oscuras.

Tal vez puedas llevar una prenda con su imagen, no como símbolo de miedo, sino como recordatorio de tu propia resistencia. **Deja que Medusa te inspire a enfrentarte a tus propias sombras**, a encontrar la fuerza en tus experiencias y a aprovechar la magia que yace en tu interior.

DIOSAS EGIPCIAS

Cuando uno piensa en las deidades del antiguo Egipto, **quizá sólo le vengan a la mente unos pocos nombres: figuras** como Ra, Isis u Osiris. Pero **como buscador que profundiza en los misterios de lo divino,** descubre un panteón rico en diosas cuyos poderes e historias han estado esperando a que las descubriera. **Diosas como Sekhmet, Neftis, Hathor y Nut -las antiguas diosas egipcias de la oscuridad- esperan tu exploración. Sekhmet,** la diosa leona, se encuentra en la encrucijada de la destrucción y la curación. **Sus ojos brillan con el fuego del sol,** encarnando la naturaleza feroz y protectora de la divinidad femenina. **Nacida del ojo de Ra,** fue enviada para castigar a la humanidad por sus transgresiones. **Su furia fue tan intensa que estuvo a punto de aniquilar a la humanidad.** *Pero cuando los dioses intervinieron, engañándola para que bebiera cerveza teñida pensando que era sangre, se intoxicó y su furia se calmó.* **Esta transformación de la ira en calma revela la dualidad dentro de ella,** mostrándote que **dentro de tu propia ira yace el potencial de una profunda curación.**

Neftis, hermana de Isis, habita en las sombras. **Es la diosa de la oscuridad, el lamento y lo invisible.** Mientras que Isis representa los aspectos luminosos de la magia y la maternidad, **Neftis encarna lo oculto, lo misterioso, el duelo. Permanece junto al féretro de Osiris,** ayudando a su resurrección. **Su papel de protectora de los muertos te conecta con los ciclos de finales y principios. Te invita a explorar las profundidades de tu**

propia sombra, a encontrar consuelo y sabiduría en lugares que otros podrían temer. *En los momentos de pérdida, susurra que el dolor es un camino hacia una comprensión más profunda.*

Hathor, a menudo celebrada como la diosa del amor, la belleza y la alegría, **alberga un aspecto más oscuro que a menudo se pasa por alto. Se transformó en Sekhmet**, convirtiéndose en el instrumento del castigo divino. **Este cambio revela la complejidad de su naturaleza**, enseñándote que **la alegría y la rabia pueden coexistir en tu interior. Hathor muestra que abrazar todas las partes de uno mismo conduce a la verdadera armonía.** *Cuando sientas emociones contradictorias, te guiará para que honres cada sentimiento como una parte vital de tu ser.* **Nut**, la diosa celeste, arquea su cuerpo sembrado de estrellas sobre la tierra. **Es la encarnación del cielo nocturno**, se traga el sol cada noche y lo da a luz cada mañana. **Su vasta extensión representa las infinitas posibilidades del universo. Nut gobierna los ciclos de muerte y renacimiento**, invitándote a mirar más allá de lo inmediato y abrazar lo eterno. *Bajo un manto de estrellas, puedes sentir su presencia, un suave recordatorio del ilimitado potencial que hay en ti.* **Te anima a soñar más allá de las limitaciones**, a verte como parte de algo más grande.

Como buscadora, puede que sientas la atracción de estas diosas, intuyendo que **su sabiduría ancestral encierra claves para desentrañar tu diosa interior. Sus historias no son meros mitos, sino ecos de verdades dentro de tu propia alma. Te desafían a enfrentarte a tus miedos, a abrazar tanto la luz como la sombra que hay en ti. Su poder no reside en ser temidas, sino en guiarte hacia tu propia fuerza.** *Tal vez hayas sentido el feroz coraje de Sekhmet cuando defiendes aquello en lo que crees,* o **el tranquilo consuelo de Neftis en momentos de dolor.** *Tal vez la dualidad de Hathor resuene cuando te enfrentas a emociones complejas,* o **el cielo infinito de Nut te inspire para alcanzar sueños que antes creías imposibles.**

Sekhmet

Sekhmet, cuyo nombre significa "**La que tiene el control**" o "**La que es poderosa**", es una de las diosas más formidables de la antigua mitología egipcia. **Como buscador que se adentra en las profundidades de la feminidad divina**, uno se encuentra con Sekhmet no sólo como una deidad, sino como una fuerza de la propia naturaleza.

Se la conoce como la **Diosa Madre**, que encarna formas humanas y animales. **Su representación como mujer con cara de león** refleja su naturaleza feroz e inquebrantable. En todo el antiguo Egipto, esculturas, amuletos y monumentos dedicados a Sekhmet dan fe de su inmensa importancia.

Sekhmet suele considerarse una diosa esotérica olvidada. **Las deidades esotéricas poseen habilidades extraordinarias** y, sin embargo, **ella sigue siendo un enigma**. No se sabe mucho de ella en comparación con otras deidades; sus historias son escasas y no se la menciona con tanta frecuencia en la mitología. Sin embargo, los pocos recursos que hablan de ella **alaban sus grandes pero contradictorios poderes. Puede traer la enfermedad, el caos y la muerte**, pero también **la curación y la protección**.

Nacida del fuego del ojo de Ra, dios del sol y creador del universo, **Sekhmet fue creada como arma de venganza**. Según una leyenda, es una encarnación de la diosa del cielo Hathor. Después de que Ra creara a la humanidad, observó que se desviaba del camino de la justicia y el orden. Decepcionado y furioso, decidió castigarlos. **Del ardiente resplandor de su ojo surgió Sekhmet**, que se ganó el título de "El Ojo de Ra". Era una **manifestación de su poder**, capaz de exhalar un fuego más ardiente que el sol del desierto.

Enviada a la Tierra para imponer el castigo de Ra, Sekhmet desató plagas por todas las tierras. **Su aliento de fuego abrasó todo a su paso**, matando a casi toda la humanidad. **Su sed de sangre era insaciable**, y nadie podía detener su destrucción. Al ver la devastación, Ra se arrepintió de su decisión.

No había pretendido aniquilar a la humanidad; sólo pretendía darles una lección. **Si toda la humanidad era destruida, ¿quién quedaría para aprender?**

Para detenerla, Ra ideó un plan. Ordenó a sus sacerdotes que molieran ocre rojo y lo mezclaran con cerveza. Al amparo de la noche, vertieron esta mezcla sobre la tierra donde dormía Sekhmet. **Cuando despertó, confundió la cerveza roja con sangre y se la bebió toda. Embriagada y apaciguada**, cayó en un profundo sueño. Al despertar, su furia se calmó, **volvió a Ra** y, en algunas versiones de la leyenda, éste la nombró **diosa de la guerra y el caos.**

Los atributos de Sekhmet son vastos y complejos.

Es la diosa de la guerra, el caos, la curación, la peste y el sol abrasador del desierto. En el Libro de los Muertos se la describe como una **fuerza destructiva y creadora** a la vez. **Tiene el poder de traer plagas sobre la humanidad**, pero como diosa de la curación, **puede ser invocada para proteger contra las enfermedades. No hay problema que Sekhmet no pueda solucionar. Es la patrona de los curanderos y los médicos**, y durante las guerras **era la protectora de los faraones**, conduciéndolos a la victoria.

Se la conoce por miles de nombres, cada uno de los cuales refleja su personalidad polifacética y sus poderes.

Vigilante y guardiana de Occidente, Dama de las Montañas, Dama de la Llama y Señora del Terror son sólo algunas de ellas.

Sus epítetos revelan su papel tanto de destructora como de protectora, enfatizando su doble naturaleza.

Sekhmet es la responsable **del calor en los desiertos**, lo que le valió el nombre de **"Nesert", que significa llama. Provoca sufrimiento y enfermedad, pero sólo a aquellos que la enfurecen. Guarda a Ra y protege a Ma'at**, la diosa del equilibrio y la justicia. Debido a su naturaleza feroz y aterradora, **Sekhmet es llamada la "Dama del Terror".**

Sus símbolos son la **leona**, que representa su fuerza feroz; el **lino** rojo, que refleja su sed de sangre; el **disco solar**, que significa su conexión con Ra; y los **gatos**, animales venerados en la cultura egipcia.

En la antigüedad, **todos temían a Sekhmet**, pues era la diosa de la guerra.

Sin embargo, **sólo es amenazadora para quienes no la respetan. Protegía a los antiguos egipcios exhalando fuego y derrotando a sus enemigos.** En la batalla, **Sekhmet se cegaba de rabia** y destruía todo lo que encontraba a su paso. **Sólo bebiendo sangre -o lo que ella creía que era sangre- podía calmar su furia.**

Si deseas **apaciguar a Sekhmet**, puedes **quemar incienso, tocar música** u ofrecerle comida y bebida. **Para conectar con ella es necesario respetar y comprender su naturaleza dual.**

Para buscar su guía, puedes realizar un ritual de meditación:

Construye un altar dedicado a Sekhmet, colocando sobre él sus imágenes o símbolos. **Enciende velas**, cuyas llamas simbolicen su ardiente esencia. **Siéntate junto al altar**, cierra los ojos y **respira hondo. Visualiza a Sekhmet**, permitiendo que su presencia se manifieste. **Date tiempo** y, cuando la sientas o veas sus símbolos, **pídele que te guíe.**

Como buscador, acudir a Sekhmet no consiste únicamente en buscar poder, sino en abrazar **todo el espectro de tu fuerza interior**.

Enseña que en la destrucción reside el potencial de curación y en el caos, la oportunidad de orden. **Al reconocer tanto los aspectos fieros como los nutritivos dentro de ti, desbloqueas la profunda sabiduría que ofrece Sekhmet.**

En momentos de ira o frustración, ten en cuenta las lecciones de Sekhmet. **Tu pasión puede ser una fuente de transformación,** tanto para ti como para los que te rodean. **Aprovéchala sabiamente** y tú también podrás convertirte **en "Uno que tiene el control".**

Neftis

Neftis, una de las primeras diosas egipcias, nació de la unión entre el Cielo y la Tierra después de que **Ra** creara el universo. **Como buscador**, quizá te intrigue saber que **su nombre egipcio es Nebthwt**, que significa **"Señora de la Casa"** o **"La Señora del Templo"**.

En los antiguos mitos, **Osiris**, dios de la agricultura y la fertilidad, y su esposa **Isis**, diosa de la magia y la luz, gobernaban a la humanidad con justicia y bondad. Su hermana, **Neftis**, estaba casada con su hermano **Set**, el dios de la guerra. Sin embargo, **Neftis albergaba sentimientos por Osiris**. Un día, **se transformó en Isis y lo sedujo**. Pasaron la noche juntos y de su unión nació **Anubis**.

Cuando **Set descubrió la traición**, creyó que Osiris había seducido a Neftis. **Consumido por los celos y el odio, Set conspiró para asesinar a su hermano.** Lo consiguió, mató a Osiris y se hizo con el trono, con Neftis a su lado.

Isis estaba destrozada por la pérdida de su marido. Buscó incansablemente su cuerpo, **con la esperanza de devolverlo a la vida para poder concebir a su hijo**. Al encontrarlo, **pidió a Neftis que la ayudara a proteger su cuerpo de Set**. Pero **Set se enfrentó a Neftis** y, bajo su ira, **ella reveló su escondite. Set mutiló a Osiris**, esparciendo sus pedazos por toda la tierra.

Abrumada por la culpa de haber traicionado a su hermana, **Neftis juró enmendarse**. Juntas, **las hermanas buscaron las partes dispersas de Osiris**, recogiéndolas una a una. **Volvieron a ensamblar su cuerpo** y utilizaron su magia combinada para devolverle la vida. De esta unión, **Isis concibió un hijo, Horus**.

Para proteger a su hijo de Set, **Isis escondió a Horus. Neftis, habiendo aprendido de sus errores, guardó su secreto. Amamantó a Horus y ayudó a Isis a criarlo.** Cuando Horus creció y reclamó su legítimo trono, **honró a Neftis,** convirtiéndola en cabeza de su familia y principal consejera. **Por ello, muchos egipcios ven a Neftis como una madre cariñosa y un símbolo de guía y protección.**

A menudo se representa a Neftis como una mujer con el símbolo de su nombre sobre la cabeza. Su imagen adornaba muchas tumbas antiguas, pues **protegía a los muertos y asistía a la momificación de Osiris.** Asociada con la **oscuridad, el crepúsculo y la puesta de sol, se transforma en una cometa** que llora a los difuntos y **custodia los ataúdes y los tarros canopos** donde se guardaban los órganos del difunto.

Sus símbolos son **los sicomoros,** los **templos,** los **halcones, las cometas** e incluso **la cerveza. A veces se la representa como una mujer con alas,** lo que subraya su naturaleza protectora.

Como Diosa Oscura, Neftis es la **diosa de la muerte,** asociada con la decadencia y la transición a la otra vida. **Ayuda a las almas a cruzar,** cuidándolas incluso después de su partida. **Consuela a las familias en duelo,** asegurándoles que sus seres queridos están a salvo. **Por eso se la llama la "Amiga de los Muertos".** De hecho, **es la única diosa que trata a los muertos con tanto amor y bondad.**

Sus seguidores suelen invocarla tras el fallecimiento de un ser querido. **Está presente en los funerales,** protegiendo a los muertos. Neftis posee habilidades mágicas similares a las de Isis. **Isis representa la fuerza de la luz, mientras que Neftis encarna la oscuridad: se equilibran mutuamente.**

Curiosamente, **Neftis también se convirtió en la diosa del nacimiento tras dar a luz a Anubis,** el dios de la muerte. Esta dualidad pone de relieve su papel tanto en los comienzos como en los finales.

Para conectar con Neftis, puedes realizar un ritual de visualización. **Busca un lugar tranquilo y siéntate cómodamente. Cierra los ojos, coloca las manos sobre el corazón** y **respira hondo.** Visualiza **la luz de Neftis fluyendo por todo tu cuerpo. Exhala y siente cómo su luz te enraíza**, extendiéndose bajo tus pies. **Inhala de nuevo, llenando tu corazón con su esencia. Susurra su nombre**, permitiendo que su luz llene tu espacio. Si sientes su presencia, pregúntale **lo que te pida el corazón.** Cuando estés preparado, **expresa tu gratitud** por su guía.

Como buscador, abrazar la sabiduría de Neftis puede conducirte a una comprensión más profunda y a la paz interior. **Ella enseña que en la oscuridad hay consuelo** y que los finales no son más que comienzos disfrazados.

Hathor

Hathor, estrechamente asociada a **Sekhmet**, ocupa un lugar único en la mitología del antiguo Egipto. Algunos historiadores creen que **Sekhmet deriva de Hathor**. Se la representa como una vaca o como una mujer con cabeza de vaca. **Como buscador**, su doble naturaleza puede resultarte intrigante. **Hathor es la hija de Ra** y era muy venerada entre los antiguos egipcios. **Su nombre significa "Templo de Horus"**, en referencia al mito según el cual **Horus (el dios del sol) entra en su boca cada noche para descansar y renace cada mañana para iluminar el cielo**. Esta historia explica el viaje diario del sol.

Hathor fue antaño una imagen del amor y la bondad, pero tuvo un lado mucho más oscuro en épocas anteriores. En algunas leyendas, **Ra envió a Hathor para castigar a la humanidad por su desobediencia. Desató su venganza, destruyendo todo y a todos**. Su ira fue tan inmensa que la transformó en **Sekhmet**. Después de su furia, cuando por fin se calmó, **volvió a ser Hathor**, pero había cambiado. **Se convirtió en una versión mejor, más amable y tranquila de sí misma.**

La diosa que una vez trató de aniquilar el mundo **se convirtió en aliada de la humanidad. Los bendijo con muchos dones y ayudó a los menos afortunados.** Siempre que le rezaban, **respondía a sus llamadas. Se convirtió en la diosa madre,** y se cree que muchas otras diosas son sus avatares.

En otro mito, cuando **Horus** creció, intentó reclamar el trono a su tío **Set**. Set era astuto y poco de fiar. **Horus llevó su caso al consejo de dioses**, dirigido por **Ra**. Sin embargo, **Ra se enfadó y se negó a participar en el juicio**, lo que causó gran preocupación entre los dioses.

Hathor sabía que la ira de su padre podía provocar el fin del **mundo**. Decidida a restablecer el equilibrio, **visitó a Ra**. En un movimiento inesperado, **bailó ante él y utilizó su encanto para divertirlo. Sus acciones deleitaron a Ra** y su ira se calmó. **Volvió al consejo para ocuparse del caso de Horus.**

Esta historia pone de relieve la importancia de la **masculinidad y la feminidad. Cuando ambos están en armonía, aportan equilibrio al universo.**

Hathor es la diosa del amor, la celebración, la música, la danza, la maternidad, la gratitud, la embriaguez y la alegría, similar a **Venus** y **Afrodita** de la mitología romana y griega. **Es la patrona de las mujeres y de su salud.** También es la soberana de **los partos, Oriente, Occidente, la fertilidad, la agricultura, la luna, el sol y el cielo.**

Hathor desempeña muchas funciones. Renueva el cosmos, ayuda a las mujeres a dar a luz y **resucita a los muertos.** Como deidad lunar, **guía a los barcos por la noche hasta que llegan sanos y salvos a la orilla.** En el antiguo Egipto, la noche era una metáfora de la muerte, por lo que se cree que **ilumina el camino de los difuntos hasta su última morada.**

Sus símbolos son la **vaca, las orejas de vaca, los cuernos de vaca,** el **disco solar, la planta de papiro, el sicomoro, la serpiente** y la **leona.**

Hathor ostenta el gran honor de ser la diosa del más allá en el Campo de los Juncos. Este lugar se asemeja al concepto de paraíso, donde los muertos pasan la eternidad con sus seres queridos sin dolor ni sufrimiento. **Cuando una buena mujer o niña muere, asume la semejanza de Hathor antes de cruzar al Campo de los Juncos.**

Para conectar con Hathor, puedes ofrecerle **rosas, cedro, canela, mirra, vino, cerveza, mantequilla, queso, pan, dátiles, higos,** agua dulce, aceite de jazmín, manzanilla o rosa, perfumes, oro o cobre. Montar un sencillo altar en su honor, con una foto o estatua suya y una vela roja o blanca, puede ser un gesto significativo.

Como buscador, abrazar la historia de Hathor puede desbloquear una comprensión más profunda del equilibrio entre la luz y la oscuridad dentro de uno mismo. Ella enseña que la transformación es posible y que del caos pueden surgir la bondad y la alegría. Al conectar con ella, puede que encuentres orientación en tu propio viaje hacia la armonía y el autodescubrimiento.

Tuerca

Nut, hija de **Shu**, el dios del aire, y **Tefnut**, la diosa de la lluvia y la humedad, es una de las deidades más importantes de la mitología del antiguo Egipto. **Como buscador,** te intrigará saber que es **nieta de Ra** y está casada con **Geb**, el dios de la tierra. **Nut** es la **diosa del cielo**, y su nombre significa **"agua"**, representada a menudo con una vasija de agua en la cabeza.

Cuando **Ra** creó a **Nut** (el cielo) y **Geb** (la tierra), **eran inseparables**, su amor era tan profundo que **se abrazaban sin cesar. Su cercanía impidió que Nut tuviera hijos. Shu**, el padre de Nut, deseaba tener nietos y se puso celoso de su unión ininterrumpida. **Los obligó a separarse,** creando la separación entre el cielo y la tierra tal y como la conocemos. *El anhelo entre Nut y Geb era tan intenso que, aún hoy, el cielo se arquea sobre la tierra, anhelando reunirse.*

En otro relato, **Ra amaba a Nut y deseaba convertirla en su esposa.** Sin embargo, **ella estaba enamorada de Geb** y ya estaban juntos. **Cuando Ra descubrió su unión secreta,** se enfureció. **Maldijo a Nut para que nunca pudiera tener hijos en ningún mes del año.** Desesperada por romper la maldición, **Nut pidió ayuda a Thoth,** el dios de la sabiduría. **Conmovido por su difícil situación,** Thoth ideó un astuto plan. Retó **a Khonsu,** el dios de la Luna, a una partida de damas. Con cada victoria, **Thoth ganaba una porción de luz lunar** y, finalmente, acumuló la suficiente para crear **cinco días adicionales** al calendario existente. **Como estos días no formaban parte de ningún mes, Nut pudo tener hijos,** dando a luz a **Osiris, Isis, Seth** y **Neftis.**

Nut también desempeñó un papel vital **ayudando a Ra a ascender al cielo. Ra decidió abdicar de su trono y retirarse a los cielos,** pero **estaba viejo y débil. Nun**, las aguas primordiales, pidió a **Nut** que llevara **a Ra** a cuestas. Dudando de su capacidad, **Nut** vaciló, pero **Nun la transformó en una vaca**, concediéndole la fuerza necesaria. **Ra montó sobre Nut**, y juntos ascendieron, estableciendo **el lugar de Ra en los cielos.**

A menudo se representa a **Nut** como una **hermosa mujer desnuda con alas**, que se arquea sobre la tierra, con el cuerpo adornado de estrellas. **Protege al mundo de Nun**, las aguas caóticas de la creación, y se le atribuye el nacimiento de deidades clave de la Gran Enéada, como **Ra, Shu, Tefnut, Geb, Osiris, Isis, Seth** y **Neftis.** Inicialmente **era la diosa del cielo nocturno**, asociado con la **Vía Láctea**, pero **su papel se amplió con el tiempo** y se convirtió en la **diosa de todos los cielos.**

Sus símbolos son el **cielo**, la **vaca**, **las estrellas** y conceptos como **libertad, sabiduría, abundancia, eternidad** e **inmortalidad.** Animales como **ranas, conejos** y **abejas**, elementos como **la flor de loto** y piedras preciosas como **el ópalo, el topacio azul, la turmalina** y el **zafiro** están relacionados con ella. **Colores como el azul y el negro** representan su esencia.

Como Diosa Oscura, Nut es la guardiana de sarcófagos y ataúdes. Vela por los muertos y **los guía hasta su renacimiento en la otra vida.**

Para invocar **a Nut**, puedes elegir un lugar al aire libre bajo el cielo nocturno, o montar un altar interior adornado con símbolos de la noche como las estrellas o la luna. **Enciende una vela blanca o azul**, coloca sus símbolos en el altar y haz una ofrenda. **Siéntate en silencio**, concentrándote en tu respiración. **Despeja tu mente y visualiza a Nut. Pídele que te guíe** y muéstrate abierto a recibir su sabiduría.

En **la espiritualidad kemética**, un sistema de creencias inspirado en la antigua religión egipcia, **el ciclo de Nut encarna el círculo de la vida. Cada noche, se traga al dios Sol y lo da a luz cada**

mañana. **También se traga a la luna** cada mañana y la da a luz
por la noche. Este ciclo eterno refleja la creencia de que **el
universo es una extensión de uno mismo.**

Las antiguas diosas oscuras egipcias, como **Nut**, encarnan
multitud de características. **Pueden ser tanto sanguinarias
fuerzas de destrucción como compasivas guías y protectoras.
Representan la naturaleza compleja y polifacética de la
mitología del antiguo Egipto**, donde la luz y la oscuridad, la
creación y la destrucción, se entrelazan en un tapiz cósmico.

DĪOSAS MESOPOTÁMĪCAS

Te adentras en las antiguas tierras de Mesopotamia, donde los velos entre los mundos son finos y los susurros de diosas olvidadas resuenan en las sombras. **Ereshkigal, Lilith e Inanna** te aguardan, cada una con secretos de la divinidad femenina que resuenan en lo más profundo de tu alma.

Como buscador que busca una base interior, te sientes atraído por sus historias, sus misterios entrelazados con tu propio viaje. **Sus mitos no son sólo cuentos de antaño, sino espejos que reflejan las facetas ocultas de tu ser.**

Ereshkigal, la enigmática reina del inframundo, **te invita a adentrarte en las profundidades de la transformación**. Ella gobierna el reino donde las almas se enfrentan a sus verdades más profundas. *En los momentos en que te enfrentas a tus sombras, la presencia de Ereshkigal está ahí, guiándote a través de la oscuridad.* **Su historia enseña que abrazar lo desconocido puede conducir a un profundo renacimiento.**

Lilith, envuelta en el misterio y a menudo incomprendida, encarna **la feroz independencia y el espíritu indómito que se agita en tu interior. Es la encarnación de la autonomía**, que se niega a ser sometida o silenciada. *Cuando afirmas tus límites y honras tus verdaderos deseos, caminas junto a Lilith.* **Su historia te anima a abrazar tu auténtico yo sin disculparte.**

Inanna, diosa del amor y la guerra, **navega por el delicado equilibrio entre polaridades. Su descenso a los infiernos y su regreso triunfal** simbolizan los ciclos de pérdida y renovación que **experimentas en tu propia vida**. *En tiempos de penuria y resurgimiento, el viaje de Inanna refleja tu camino hacia la plenitud.* **Te invita a encontrar la fuerza en la vulnerabilidad y la sabiduría en la adversidad.**

A través de sus leyendas, **descubres la naturaleza polifacética de lo divino femenino. Estas Diosas Oscuras no se limitan únicamente a la oscuridad, sino que abarcan todo el espectro de la existencia. Poseen las claves para comprender las complejidades que hay en ti**, iluminando tanto la sombra como la luz.

Al profundizar en sus mitos, funciones y cualidades, forjas una conexión con estos poderosos arquetipos. Sus símbolos resuenan en tu mundo interior, ofreciéndote ideas y orientación. *Un búho nocturno puede recordarte la sabiduría de Lilith, un cielo nocturno estrellado puede ser un eco del dominio de Ereshkigal, una rosa en flor puede simbolizar la dualidad de Inanna.*

Este capítulo te invita a viajar con Ereshkigal, Lilith e Inanna, explorando las profundidades de sus historias y descubriendo **los reflejos de tu propia diosa interior. Al abrazar su sabiduría, puede que encuentres la base y el poder que buscas.**

Lilith

También conocida como Lillake, Lilitu, Belili y Baalat, Lilith teje su presencia a través de numerosas culturas y tradiciones. **Como buscador,** puede que sientas su enigmática energía llamando a una parte profunda de tu alma.

En la mitología judía, **surge como la primera esposa de Adán,** una mujer creada igualmente de la misma tierra. **Lilith se negó a someterse a los deseos de su marido,** creyendo en el respeto mutuo y la igualdad. **Eligió la libertad en lugar de la sumisión y abandonó el Edén.** Algunos relatos cuentan que se transformó en serpiente, lo que provocó el exilio de Adán y Eva. **Su historia refleja el valor de mantenerse firme en las propias convicciones**, incluso cuando ello conduce al aislamiento.

Sin embargo, **sus orígenes se remontan más atrás**, a la diosa sumeria-babilónica con cualidades oscuras y enérgicas similares. **Lilith es representada como un ser nocturno**, a veces acompañada de un búho o transformándose en uno. **Acecha en las sombras de la noche,** símbolo del misterio y de lo femenino indómito. *En algunas leyendas, su incapacidad para tener hijos alimenta su angustia y la lleva a cometer actos de venganza.* **Por el contrario, los cananeos la veneraban como la "Dama Divina",** resaltando su naturaleza polifacética.

Una de sus primeras menciones se encuentra en una tablilla de arcilla de Ur, que data del año 2000 a.C., pero **su esencia se remonta a Sumeria, hacia el año 3000 a.C.** En las leyendas babilónicas, **es la Doncella de la Desolación,** una figura temida y admirada a la vez. **A pesar de sus rasgos demoníacos -garras y patas de pájaro-, posee una belleza encantadora.** *Ningún hombre que la encuentre puede resistirse a su encanto.* En los rituales, **Lilith** se representa con jaspe rojo, granate o cornalina, piedras que transmiten pasión y sensualidad.

En una leyenda sumeria, **los celos de Lilith por Inanna**, la diosa de la guerra y el amor, **la llevan a habitar un árbol sagrado** que Inanna pretende convertir en su trono. **En forma de pájaro, Lilith se posa sobre el árbol**, impidiendo que Inanna lo reclame. *Algunos dicen que este acto fue un intento deliberado de obstaculizar el ascenso al poder de Inanna.* **Pero cuando el héroe Gilgamesh interviene, Lilith huye** y permite que Inanna ocupe el lugar que le corresponde.

Su asociación con los pechos en la antigua cultura mesopotámica está relacionada con su simbolismo sexual. Se dice que Lilith provoca enfermedades en las mujeres, impidiéndoles amamantar y haciendo sufrir a sus hijos. *Tal vez esto refleje su propio dolor y el deseo de evitar que otros experimenten lo que ella no puede.*

Como Diosa Oscura empoderadora, Lilith encarna la Libertad Salvaje. Te enseña a abrazar lo que realmente eres, confiando en que aquellos que están destinados a aceptarte encontrarán su camino en tu vida. **Alienta la soberanía propia,** incluso cuando la sociedad te avergüenza o te aparta por tus pensamientos, sentimientos o acciones. **Ninguna validación externa merece que sacrifiques tu verdad interior o abandones el amor que sientes por ti mismo.**

Lilith te insta a no someterte ciegamente a las voluntades y necesidades de los demás. En cambio, **te inspira a elevar a los marginados por la sociedad, a dedicarte a una pasión feroz que apoye tus tiernas cualidades** en lugar de suprimirlas. **Trabajar con Lilith puede acercarte al arquetipo femenino divino con el que te identificas,** dándote poder para permanecer en tu propia luz.

Al mismo tiempo, **no aboga por ignorar las necesidades de tus seres queridos. Lilith fomenta la elevación de tus estándares,** encontrando formas de satisfacer las demandas de los demás al tiempo que atiendes las tuyas propias. **Te guía para que alimentes la semilla de tu sabiduría interior,** permitiendo que tus valores florezcan en un mundo diverso. **Reconoce que los sentimientos encontrados a la hora de satisfacer las necesidades de los demás pueden provenir de un vacío interior,** pero **aceptarlo puede conducir a un profundo crecimiento personal.**

Este aspecto oscuro de Lilith puede parecer peligroso e intenso, pero **encierra el potencial del equilibrio. Puede desafiarte,** incitándote a enfrentarte a conflictos, irritación o tendencias egoístas. *En términos modernos, puede reflejar el lado oscuro que todos poseemos.* **Con conciencia y precaución, puedes navegar por estas energías** y aprovechar su poder para una transformación positiva.

En todas las culturas, tanto si se la considera una mezcla de luz y oscuridad como si es totalmente oscura, Lilith ofrece liberación a aquellos con los que se encuentra. Al abrazar sus lecciones, te sumerges en una sensación de libertad desinhibida, liberándote de las restricciones que ya no te sirven. Aunque algunos consideren sus métodos radicales, **pueden ser necesarios para afrontar verdades que de otro modo evitaríamos.**

Lilith es un arquetipo poderoso que te invita a ahondar en las profundidades de tu ser. **Te reta a abrazar todas las facetas de ti mismo,** tanto la sombra como la luz, y a **liberar tu salvaje libertad interior.**

Inanna

**Conocida por los sumerios como "la señora de los cielos",
Inanna es una de las deidades oscuras más complejas y
misteriosas. Como buscador,** puedes sentir la atracción de su
naturaleza dual, que encarna tanto un poder feroz como una
profunda vulnerabilidad. La energía de Inanna fluye entre la luz
y la oscuridad, entre el mundo superior y el inframundo,
desafiándote a explorar las partes ocultas de ti mismo.

Se cree que Inanna es hija de **Ningal** y **Anu**, y hermana gemela
de **Ereshkigal**, otra diosa oscura de la mitología mesopotámica.
Su historia es una red de contradicciones. En algunos mitos,
Inanna es empujada a un matrimonio concertado con Dumuzi,
el dios pastor. En otros, Dumuzi no es más que su consorte, un
amante pasajero en su interminable viaje hacia el autodominio.
En cualquier caso, Inanna mantiene ferozmente sus límites,
resistiéndose a la idea de que sus deseos puedan ser controlados
por otro. Esto contrasta con su representación en la *Epopeya de
Gilgamesh*, donde persigue al héroe con una lujuria tempestuosa
y es rechazada, un rechazo que revela aún más la complejidad
de su carácter.

Sus rasgos cambian como las fases de la luna. Por un lado,
Inanna es una diosa ambiciosa y poderosa, una soberana con
influencia y sed de conquista. Por otro, **se la ve como una
doncella tímida, cuya libertad está limitada por la sociedad
que la rodea. Su sensualidad es un tema central en todas sus
historias,** una cruda expresión de su poder divino. **En los
corazones de sus seguidores, se reza a Inanna en busca de
ayuda para el amor no correspondido y la impotencia.** *Algunos
incluso afirman que era la patrona de las "damas de la noche", la
protectora de las olvidadas y las no amadas.*

A menudo se la representa en formas contrastadas. En el arte, **Inanna puede aparecer desnuda**, su figura revela la vulnerabilidad bajo su poder. En otras imágenes, **lleva armadura, como una guerrera con armas a su lado**, dispuesta a defender lo que es suyo. En algunas representaciones, incluso **lleva barba**, reivindicando la fuerza masculina necesaria para imponer respeto y autoridad en la batalla. Esta dualidad refleja el núcleo de su naturaleza: una **diosa que puede ser a la vez feroz y protectora, portadora de vida y presagio de muerte**.

La conexión de Inanna con el inframundo es una de las historias más significativas que la definen como Diosa Oscura. En su descenso, se ve despojada de todo: su poder, su belleza, su propia identidad. En cada una de las siete puertas del inframundo, entrega más de sí misma, capa a capa, hasta que se queda desnuda ante su hermana, **Ereshkigal**. Allí se enfrenta a la oscuridad más profunda, a la confrontación definitiva con su propia mortalidad y su ego.

En una versión del mito, **el descenso de Inanna es un gesto de reconciliación**, un deseo de reparar la ruptura entre ella y su gemela. **Pero Ereshkigal, afligida por la muerte de su marido, no está dispuesta a perdonar**. *De hecho, algunos dicen que fueron las acciones de Inanna las que causaron la muerte de su marido*. Las hermanas, unidas por la sangre pero separadas por sus reinos, son incapaces de curar sus heridas. **Ereshkigal deja morir a Inanna** y cuelga su cuerpo de un gancho, sin vida y sin poder.

Pero **la historia de Inanna no termina con la muerte**. Con la ayuda de su leal sirviente, **Ninšubur**, y del dios **Enki**, revive, renace *a través de las aguas rojas de la vida*. Emerge del inframundo transformada y con más poder que antes. **Este viaje refleja el que muchos de nosotros debemos emprender cuando nos enfrentamos a las partes más oscuras de nosotros mismos**. No es un camino de simple introspección, sino de entrega total, despojándonos de las ilusiones que nos han protegido de nuestra sombra.

Como buscador, se te invita a realizar tu propio "Viaje al Inframundo". **Inanna te anima a explorar las partes ocultas y reprimidas de ti mismo que podrías temer o negar.** *No son lugares de respuestas sencillas, sino de realizaciones profundas y a menudo dolorosas.* Inanna muestra que sólo enfrentándose a esta oscuridad puede surgir el verdadero empoderamiento. **Como ella, puede que tu viaje te lleve a la muerte del ego**, pero de esa muerte florecen la vida y la comprensión.

Este viaje no es para los débiles de corazón. Requiere el valor de entregarse a lo desconocido, de despojarse de todo lo que mantiene intacto el ego y de enfrentarse a la cruda verdad de quién eres por debajo de todo. **El mito de Inanna nos enseña que las capas que llevamos para protegernos también pueden mantenernos atrapados.** Al enfrentarte a la sombra, no te debilitas, sino que **adquieres la fuerza para sanar y crecer**, descubriendo el dolor, la vergüenza, la culpa y la negación que te han retenido.

Inanna emergió de su descenso con mayor poder y perspicacia, reclamando su título entre los vivos y los muertos. Se convirtió en **la diosa de la transformación**, y su viaje refleja los ciclos que atravesamos en nuestras propias vidas. **Como Diosa Oscura, enseña que las partes más oscuras de nosotros mismos guardan las claves de nuestra verdadera fuerza. Su poder reside en abrazar la totalidad de uno mismo: la luz y la oscuridad, la vulnerabilidad y la ferocidad, el amor y la ira.**

Trabajando con Inanna, **tú también puedes encontrar el valor para descender a tu oscuridad interior**, para enfrentarte a las partes de ti mismo que pueden parecer demasiado difíciles de afrontar. Y, como ella, **resurgirás** transformado, más fuerte y más completo que antes.

Ereshkigal

Ereshkigal, la Reina del Inframundo, se mueve entre las sombras con silenciosa autoridad, y su presencia es a la vez temida y venerada en la antigua mitología mesopotámica. **Como buscador**, puede que sientas su energía agitarse en lo más profundo de tu alma, donde reside el peso de los miedos no expresados y las heridas no sanadas. No es una figura que se busque a la ligera, pero una vez que se escucha su llamada, es imposible ignorarla.

Su nombre, **Ereshkigal**, se traduce como "Reina del Gran Abajo". **Gobierna la tierra de los muertos, un lugar donde las almas comen polvo y beben barro**. Se dice que su palacio, **Ganzir**, está construido de **lapislázuli**, un lugar de encanto y peligro, donde las almas son atraídas a su reino pero nunca regresan. **Ereshkigal retiene a las almas y se niega a liberarlas**, guardiana de misterios que los mortales temen desvelar. **Sus siete puertas custodian el camino al inframundo**, y cada una de ellas despoja de más a los que la atraviesan. Su papel como única soberana de este reino oscuro sólo fue compartido cuando tomó a **Nergal** como consorte, una deidad que la ayudó a gobernar el reino de los muertos.

Pero más allá de su papel como reina de los muertos, **Ereshkigal es una fuerza de transformación**, que encarna el viaje a través de la muerte, el dolor y la pérdida para emerger en algo más poderoso. Su poder no sólo reside en gobernar el inframundo, sino en **guiar a quienes se atreven a enfrentarse a la oscuridad que llevan dentro**. *Ella es el susurro en tu oído, que te insta a mirar hacia dentro, a afrontar el dolor que has ocultado y a reconocer la pena que persiste en tu sombra.*

La presencia de Ereshkigal se hace sentir con más fuerza en el mito del descenso de Inanna. Mientras su hermana, **Inanna**, brilla en el mundo superior, Ereshkigal gobierna abajo en soledad. Cuando Inanna desciende hacia ella para reclamar el trono del inframundo, Ereshkigal **no la recibe con los brazos abiertos**. En su lugar, despoja a Inanna de todo, dejándola expuesta y vulnerable. **Esta es la esencia del** poder **de Ereshkigal: despojarnos de las capas tras las que nos escondemos**, obligándonos a enfrentarnos a lo que hay debajo. *Sólo entregándose al dolor, a la pérdida de control, puede comenzar la verdadera transformación.*

Aunque temida, **Ereshkigal también es respetada**, sobre todo por su oscura sensualidad. En las representaciones antiguas, **aparece como una mujer desnuda y alada**, rodeada de símbolos de poder: búhos, leones y serpientes. Sus pies son garras y se alza sobre leones, encarnando las fuerzas salvajes e indómitas del inframundo. **Es primitiva, cruda y sin complejos**, un recordatorio de que hay poder en abrazar las partes de nosotros mismos que la sociedad puede considerar demasiado salvajes u oscuras. *Sus alas apuntan hacia abajo, anclándola en el reino de los muertos, pero su poder surge como una marea interior.*

Como Diosa Oscura, Ereshkigal te llama a viajar a tu propio inframundo, a enfrentarte a las sombras de tu pasado, a tu dolor, a tus miedos más profundos. **Ella enseña que la pena y el dolor no deben desterrarse rápidamente**, sino que deben **guardarse con compasión, procesarse lentamente y transformarse en poder. Las soluciones rápidas no sirven aquí.** Ereshkigal enseña que **el proceso de curación requiere paciencia, amor y comprensión**, no evasión. *El dolor, cuando se acepta, puede convertirse en la base de tu renacimiento.*

Muchos de los que trabajan con **Ereshkigal la consideran una fuerza fortalecedora en momentos de profunda**

transformación. Es especialmente poderosa para quienes se dedican a la sanación ancestral o a explorar emociones enterradas desde hace mucho tiempo. *Te enseña a alimentar tu dolor*, a verlo no como una carga sino como una fuente de fuerza que, cuando se integra, puede conducir a un profundo crecimiento. **Lo que proyectas al exterior como miedo, ira o tristeza no es más que un reflejo del dolor interior. Al aceptar ese dolor**, aprendes a reclamar tu poder y a transformarlo en algo curativo y vivificante.

Ereshkigal tiene la llave de tu liberación. Ella exige que te enfrentes a tus miedos, uno a uno, para afrontar el dolor, la incertidumbre y las sombras que te acechan. **Sólo entonces podrás ser verdaderamente libre:** libre de las cargas que te agobian, libre de las máscaras que llevas y libre para vivir plenamente en tu verdad. *Sus enseñanzas te muestran que el miedo a enfrentarte a tu dolor es mucho mayor que el propio dolor.* **Al abrirte a la oscuridad**, descubres que no te consumirá. Aunque te sientas morir mil veces, resurgirás, como la propia Ereshkigal, renaciendo con claridad y fuerza.

Esta diosa del inframundo te recuerda que **la soberanía viene de dentro**. Para reclamar tu vida, primero debes reclamar tu sombra, honrándola con la misma reverencia que a tu luz. **Ereshkigal está a tu lado en este viaje**, ofreciéndote el poder de curar y la fuerza para afrontar lo que venga.

DIOSA ESLAVA

La antigua tradición eslava susurra a través de los siglos, esquiva y misteriosa, con fragmentos dispersos como recuerdos olvidados. **Como buscador**, puede sentir la atracción de este mundo oculto, un lugar donde el velo entre lo vivo y lo espiritual es delgado, y los antiguos dioses aún permanecen en las sombras. **La mitología eslava es un rompecabezas para los historiadores**, ya que no existen registros escritos originales de las deidades, rituales o historias que dieron forma a las creencias de los antiguos eslavos. **Lo que sabemos ahora procede de los que vinieron después: monjes** y cronistas que recogieron estas historias durante la cristianización de la región.

Sin embargo, **estos cuentos son mucho más antiguos de lo que sugieren los registros**, con raíces que algunos investigadores remontan a la era protoindoeuropea, y quizás incluso al Neolítico. **Los eslavos no eran un grupo unificado**, sino un conjunto de tribus, cada una con sus propios dioses, rituales y mitos. Sus historias se transmitían de generación en generación, moldeadas por la tierra y las gentes que la habitaban. En Oriente, las creencias de los eslavos se entrelazaban con las de los antiguos iranios, y sus dioses compartían rasgos y poderes.

A finales del siglo XII, las antiguas tradiciones eslavas estaban en sus últimos días. **El obispo Absalon y sus fuerzas danesas invadieron** el país y, con la destrucción de la estatua de **Svantevit**, dios de la guerra y la abundancia, **se cerró una puerta al paganismo eslavo**. Las antiguas costumbres fueron sustituidas por el cristianismo, y los dioses y diosas del panteón eslavo fueron olvidados por la mayoría.

Pero **no todos se desvanecieron. Algunos permanecen en la sombra**, con sus historias y poderes aún vivos en los corazones de quienes los recuerdan. **Entre estas figuras olvidadas se encuentran dos poderosas y oscuras deidades femeninas:** Babá Yaga y Marzanna. **Estas diosas son a menudo malinterpretadas** y su verdadera naturaleza ha quedado oscurecida por el tiempo y las interpretaciones posteriores. Pero en sus historias hay poder, misterio y una profunda conexión con los ciclos de la vida, la muerte y el renacimiento.

Baba Yaga, quizá la más famosa de las diosas eslavas, es una figura a la vez terrorífica y sabia. **Vive en lo más profundo del bosque**, con su casa encaramada sobre patas de pollo, y siempre se gira para mirar a los que la buscan. **Su naturaleza es ambigua**, ya que es a la vez portadora de muerte y dadora de vida. A los que entran en su reino, les ofrece acertijos y desafíos, obligándoles a enfrentarse a sus miedos más profundos. *Algunos de los que buscan su sabiduría la encuentran, pero sólo después de pagar un precio.* **Baba Yaga enseña que la sabiduría no proviene de la seguridad, sino del riesgo, y que para crecer hay que enfrentarse a la oscuridad.** En los relatos eslavos, **a menudo se la representa como una vieja bruja**, demacrada y encorvada, pero su poder es inmenso. **Representa la naturaleza salvaje**, indómita e impredecible. **Encarna los ciclos de muerte y renacimiento**, como el cambio de las estaciones. Aquellos que la entienden, que se acercan a ella con respeto, pueden salir de su bosque cambiados, más fuertes, más sabios y con los pies en la tierra. *Pero Baba Yaga no tiene piedad de quienes intentan engañarla o utilizan su poder de forma egoísta.*

Marzanna, en cambio, es la diosa del invierno y la muerte. **Su historia se entrelaza con el cambio de las estaciones.** Cada año, cuando llega el invierno, **el frío de Marzanna se apodera de la tierra**, simbolizando la muerte del año anterior y la llegada de la oscuridad. **Representa el final inevitable**, la parte del ciclo que debe llegar antes de la renovación. En la antigua tradición eslava, se **la honraba con rituales al final del invierno**. *Los pueblos creaban una efigie de Marzanna*, que luego quemaban o ahogaban, poniendo fin simbólicamente al invierno y dando la bienvenida a la primavera.

Pero **Marzanna es más que una portadora de muerte. También es un símbolo de transformación.** Su presencia nos recuerda que los finales no son definitivos, sino una parte necesaria del ciclo de la vida. **En su frío hay un poder silencioso**, la quietud que precede al comienzo de una nueva vida. **Trabajar con Marzanna es enfrentarse a los propios finales**, comprender que a cada pérdida, a cada muerte, le sigue un renacimiento. *Sólo si aceptamos el frío y la oscuridad podremos apreciar de verdad el calor y la luz que le siguen.*

Tanto Baba Yaga como Marzanna representan poderosos aspectos de lo femenino oscuro. No son fáciles de entender, ni se pretende que lo sean. Te desafían, como buscador, a enfrentarte a las partes de ti mismo que están ocultas o que temes. Te piden que te adentres en el bosque, que sientas el frío del invierno y te enfrentes a la sombra. **Sólo así podrás descubrir las partes más profundas de tu ser**, las que han estado esperando a que las descubras.

Sus historias no son sólo cuentos de antaño, sino guías para tu propio viaje. Baba Yaga y Marzanna te recuerdan que la vida está llena de ciclos, de finales y principios, de muerte y renacimiento. **Al abrazar tanto la luz como la oscuridad**, te vuelves íntegro, enraizado y en sintonía con el flujo natural del mundo.

Baba yaga

Baba Yaga, la antigua deidad de los huesos viejos, emerge de las profundidades **del folclore eslavo** como una figura a la vez temible y fascinante. **Como buscador**, puede que se sienta atraído por su naturaleza misteriosa y compleja, que se resiste a definiciones claras. Conocida como una **bruja notoria**, Baba Yaga reside en las profundidades del vasto e indómito bosque en una cabaña mística, su poder entrelazado con las sombras de lo desconocido.

Aunque temida por su reputación de **aprisionar y consumir a sus víctimas**, especialmente a los niños, **la presencia de Baba Yaga encierra un significado más profundo**. Es más que una bruja de las tinieblas: **es un símbolo de empoderamiento** y transformación **femeninos**. Su conexión con el **Agua de la Vida**, un líquido místico capaz de resucitar a los muertos, revela su papel tanto de destructora como de dadora de vida. *Acercarse a Baba Yaga es enfrentarse a las fuerzas brutas de la muerte y el renacimiento dentro de uno mismo.*

El verdadero significado de "**Baba Yaga**" sigue siendo impreciso, lo que aumenta la mística que la rodea. "**Baba**" suele significar "**anciana**" o "**abuela**", y aún se utiliza en países como Bulgaria y Serbia para referirse a las mujeres mayores. Pero la palabra "**Yaga**" es un enigma, sus orígenes no están claros. Algunos creen que puede derivar de palabras de otras **lenguas eslavas, como** "**jeza**", que significa horror o ira, o "**jedza**", que significa bruja. Aunque su nombre y sus orígenes están rodeados de misterio, **su presencia en la cultura eslava es innegable**. *Existió mucho antes de que existieran los registros escritos, una fuerza transmitida a través de la tradición oral.*

En los cuentos antiguos, **Baba Yaga es representada como una figura aterradora:** dientes **afilados** de hierro, un cuerpo largo y huesudo y una nariz tan puntiaguda que casi toca el techo de su cabaña. **Sus piernas son delgadas y de barro**, y está despojada de toda feminidad, realizando actividades que desafían las convenciones de la feminidad. A diferencia del estereotipo de bruja que vuela en escoba, **Baba Yaga se desplaza en un mortero, un** instrumento tradicionalmente utilizado por las mujeres para moler lino e hilar tela, **símbolos del nacimiento, la creación y la muerte**. Rema con un mortero y barre sus huellas con una escoba, siempre avanzando, siempre borrando el pasado. *Su viaje simboliza el ciclo interminable de la vida y la muerte.*

Pero Baba Yaga es mucho más de lo que cuentan las historias. Aunque muchos la temen por su naturaleza caótica e impredecible, **es la guardiana de una sabiduría profunda y ancestral**. *Buscarla es adentrarse en lo desconocido, estar dispuesto a arriesgarlo todo para transformarse.* Los que se atreven a entrar en su bosque son puestos a prueba, desafiados a demostrar su valía. Si lo consiguen, **Baba Yaga puede concederles la ayuda que buscan**. Si fracasan, no tendrá piedad.

Su cabaña, una imagen icónica del folclore eslavo, está tan encantada como ella. **Se alza sobre enormes patas de pollo que le** permiten moverse libremente por el bosque **en busca de quienes necesitan la guía de Baba Yaga**. La cabaña gime y cruje a cada paso, su propia estructura está viva, rodeada de huesos y cráneos humanos, una clara advertencia del peligro que encierra. Sin embargo, **la casa tiene su propia alma**, reflejo de las fuerzas salvajes e indómitas que encarna Baba Yaga. Los cráneos humanos que rodean la cabaña no son meros símbolos de la muerte, sino recordatorios de la vida y la transformación que siempre vienen después.

Baba Yaga forma parte de un arquetipo mayor, junto con sus dos hermanas, que comparten su nombre y su poder. Juntas, **representan la triple diosa**: doncella, madre y arpía. **Baba Yaga es la arpía**, la figura sabia y aterradora que supervisa la transición entre la vida y la muerte. Posee el conocimiento del **Agua de la Vida y de la Muerte**, capaz de curar heridas con una mano y devolver la vida a los muertos con la otra. **En su horno**, símbolo del útero y de la tierra, Baba Yaga lleva el poder de la creación y la destrucción, del nacimiento y la muerte. **Su fuego quema ferozmente**, pero también da vida, una paradoja que define su existencia.

En los cuentos, Baba Yaga no busca a sus víctimas. No la mueve la necesidad de conquistar o destruir, como a muchos otros villanos del folclore. **Espera a quienes la buscan** y, cuando llegan, los pone a prueba. **Sus motivos son neutrales**, ni buenos ni malos. Es una fuerza de la naturaleza, tan impredecible como una tormenta. Si te acercas a ella con respeto y valentía, **puede que te conceda la transformación que buscas**. Pero si no superas sus pruebas, **te enfrentarás a toda la ira de su caótico poder**.

Su neutralidad es lo que hace que Baba Yaga sea tan poderosa y real. No se rige por un código moral y no le importa ser comprendida. **Existe como una figura de transformación**, que guía a los que acuden a ella en su viaje, se den cuenta o no. *De este modo, representa las fuerzas salvajes e indómitas que llevamos dentro*, las partes que no se rigen por las normas ni las expectativas de la sociedad.

Una de las apariciones más famosas de Baba Yaga es la historia de **Vasilissa la Bella**. Enviada al bosque de Baba Yaga por su cruel madrastra, Vasilissa se somete a una serie de pruebas que ponen a prueba su fuerza, ingenio y resistencia. **Baba Yaga le concede el fuego que busca**, pero no sin exigirle un alto precio.

El fuego reduce a cenizas a la cruel familia de Vasilissa, símbolo del poder destructivo que conlleva la transformación. Sin embargo, al final, **Vasilissa emerge más fuerte, renacida a través de sus pruebas**.

En otro cuento, **La princesa rana**, un príncipe se casa con una rana que más tarde se revela como una hermosa mujer. **Baba Yaga desempeña un papel fundamental en su búsqueda para recuperarla después de que él traicione su confianza**, poniendo a prueba al príncipe y guiándolo hacia la transformación que necesita para volver a ser digno de su novia.

Baba Yaga es la diosa de la transformación. Ofrece el camino del cambio, pero no está exento de riesgos. **Para trabajar con ella, debes estar preparado para enfrentarte a las partes de ti mismo que más temes**. No te dejará esconderte ni te consolará mientras pasas por las pruebas que te pone delante. **Pero si tienes éxito, saldrás de ellas más fuerte, con los pies en la tierra y más en contacto con tu verdadero yo**. *Sus lecciones son duras, pero necesarias para aquellos que buscan una base interior y un empoderamiento*.

En el mundo de Baba Yaga, estás llamado a enfrentarte a las partes salvajes e indómitas de ti mismo, a abrazar la oscuridad y la incertidumbre que conlleva la transformación. **Sólo entonces podrás acceder a la sabiduría más profunda que ella te ofrece**, y sólo entonces podrás encontrar el camino para reclamar tu poder.

Marzanna

Marzanna, la diosa del invierno y la muerte, lleva consigo la fría garra del inframundo, y su nombre se susurra de muchas formas: **Morana**, **Marzena** y **Morena**. Es la contrapartida oscura de **Ceres**, la diosa romana de la agricultura, y de **Hécate**, la diosa griega de la brujería y la noche. La presencia de Marzanna se extiende mucho más allá de los áridos campos del invierno. **Como caminante** que busca respuestas en las sombras, puede que su poder frío y misterioso toque algo más profundo dentro de ti.

En la mitología eslava, **Marzanna no es sólo la diosa del invierno**, sino que encarna la naturaleza cíclica de la vida y la muerte. Su historia es la de la transformación, el renacimiento y el delicado equilibrio entre destrucción y creación. Antes era una diosa de la naturaleza, ligada a la tierra fértil. **Pero la traición convirtió su corazón en hielo** y el invierno se convirtió en su dominio.

La leyenda **del matrimonio de Marzanna con Jarylo**, dios de la primavera y la guerra, habla de la eterna danza entre la vida y la muerte. Marzanna, hija de **Mokosz**, la gran madre, y de **Perun**, el dios del trueno, estuvo una vez aliada con las fuerzas de la vida. Cuando Jarylo, su hermano gemelo, fue robado al inframundo siendo un niño, ninguno de los dos conocía la verdad de su relación. A su regreso, se enamoraron sin saber que compartían la misma sangre. **Su unión trajo el equilibrio al mundo**, restaurando los ciclos naturales de la vida y la muerte, el crecimiento y la decadencia. Pero, como todas las cosas, esta armonía fue efímera. Cuando Jarylo la traicionó, **Marzanna lo mató enfurecida**, marcando el final de la estación fértil y la llegada del frío invierno.

Su dolor y su ira, el peso de la traición, la transformaron **en la fría y temida deidad de la muerte**. En su furia, trajo el invierno a la tierra, su gélido aliento sofocó el calor de la vida. **Cuando la muerte de Jarylo coincide con el otoño**, dan comienzo los largos y oscuros meses de invierno. Sin embargo, cada primavera, **Dziewanna, la diosa de la primavera, mata a Marzanna**, permitiendo que Jarylo resucite una vez más, sólo para ser abatido de nuevo con cada cambio de estación. Su trágica danza de amor y muerte **marca el ritmo de las estaciones**, asegurando que ni la vida ni la muerte puedan reinar supremas para siempre.

De este modo, **la historia de Marzanna no es sólo la de la muerte**, sino la de la renovación, la de los ciclos que giran sin cesar en el mundo y en nosotros mismos. Su presencia nos recuerda que la muerte no es un final, sino una transformación, **una parte del gran ciclo de la existencia**.

Su nombre, **Marzanna**, proviene de la antigua palabra que significa muerte. Está vinculada a **Marte**, el dios romano de la guerra, y a la palabra rusa que significa pestilencia. La muerte, la guerra y la destrucción son sus dominios. Sin embargo, hay algo más bajo la superficie. A medida que explores sus capas más profundas, **descubrirás que el invierno, aunque duro, es necesario**. Permite la quietud, la reflexión y la preparación para el nuevo crecimiento.

El papel de Marzanna **como precursora del invierno** se refleja en el miedo que evoca. **El invierno trae consigo la muerte, no** sólo de las cosechas y los árboles, sino también del calor y la luz. En las sociedades agrícolas, el invierno era la época más temida del año, en la que escaseaban los alimentos y el frío podía matar. No es de extrañar que Marzanna se asociara con la muerte y la decadencia, y que **su toque gélido fuera presagio de sufrimiento**.

Pero **hay poder en su frialdad**, en el letargo que exige el invierno. La tierra no puede producir frutos sin estar antes en barbecho, y así también debemos permitir que partes de nosotros mismos descansen, se marchiten, para que la nueva vida pueda echar raíces. **Marzanna enseña al caminante que la muerte no es algo que haya que temer**, sino algo que hay que entender como parte del orden natural.

Antiguamente, los eslavos **honraban a Marzanna** al final del invierno con rituales para enviarla de vuelta al inframundo. **Hacían una muñeca de paja**, la vestían con harapos y la paseaban por los campos antes de quemarla o ahogarla en un río cercano. Con este acto no sólo se libraban del frío invernal, sino que honraban el ciclo de la muerte y el renacimiento, reconocían el poder de Marzanna y la enviaban lejos para que pudiera llegar la primavera.

Marzanna tiene muchos aspectos oscuros. En algunos relatos, aparece como **Mora**, la **personificación del destino** y un espíritu malévolo que atormenta a los hombres por la noche. **Es una cambiaformas**, una atormentadora que se alimenta del miedo y asfixia a sus víctimas mientras duermen. En estas historias, **Mora representa las pesadillas que nos atormentan**, los pensamientos oscuros que intentamos evitar. Pero incluso en esta forma, no es malvada. **Es la sombra que todos llevamos dentro**, el miedo al cambio, a la pérdida, a la muerte. *Y enfrentándonos a ella, podemos encontrar nuestra fuerza.*

En otra faceta, **Marzanna se convierte en Marui**, el demonio de la cocina que se esconde tras los fogones y juega malas pasadas a quienes olvidan honrarla. **Gira como una sombra**, su presencia se hace sentir en los más pequeños disturbios, recordándonos que el ámbito doméstico es también un lugar de poder. Incluso aquí, **la influencia de Marzanna se deja sentir en** el calor del horno, la transformación de ingredientes crudos en sustento, el potencial siempre presente de creación y destrucción.

Como **caminante que busca un punto de apoyo**, Marzanna te enseña a abrazar la oscuridad, la calma del invierno y la quietud de la muerte. Te recuerda que **el renacimiento sólo puede venir a través de la aceptación de los finales**. Su ciclo de muerte y renovación no se refiere sólo al cambio de las estaciones, sino también a los cambios que se producen en tu interior. **Debes dejar morir partes de ti mismo** -temores **antiguos**, creencias limitantes, cosas que ya no te sirven- para poder renacer.

La mitología de Marzanna se entrelaza con los dioses del sol y la caza, al igual que **la historia de Perséfone y Deméter**. Cuando Marzanna seduce al Cazador, el dios del sol, atrapa su luz en un espejo mágico, **aislando al mundo del calor y la luz**. En medio de sus celos y su dolor, el invierno desciende y **el mundo se sume en la oscuridad**. Pero cada primavera, su hermana **Zhiva** regresa, restableciendo el equilibrio y permitiendo que vuelva el calor del sol.

En la historia de Marzanna **se encuentra la eterna danza de la luz y la oscuridad, la vida y la muerte. Su helada garra puede parecer implacable**, pero en ella yace la promesa del renacimiento. A medida que recorres su camino, **te desafía a enfrentarte a la oscuridad**, a afrontar tu propio invierno y a confiar en que llegará la primavera. **Su poder no reside en el frío en sí**, sino en la comprensión de que de la muerte nace la vida, de la quietud nace el movimiento y de la oscuridad nace la luz.

DIOSAS HINDÚES

En el vasto e intrincado tapiz de la mitología hindú, existe una profunda y misteriosa reverencia por las **Diosas Oscuras**. Estas diosas -**Kali**, **Durga**, **Chinnamasta** y **Chamunda**- llevan consigo no sólo el poder de la creación y la destrucción, sino también la intensa y cruda energía de la transformación. **Como caminante**, en busca de una base interior y de claridad, encontrarás en ellas reflejos de tu propio viaje a través de las sombras, a través de los lugares oscuros del alma donde nace el cambio.

Los hindúes entienden el universo a través de la lente de Brahman, la energía divina suprema que todo lo abarca. Aunque Brahman representa la verdad y la realidad últimas, sus múltiples facetas se manifiestan en forma de **muchos dioses y diosas**. Cada uno de ellos encarna un aspecto diferente de las características de Brahman, ofreciendo caminos para aquellos que buscan la comprensión y la iluminación. Entre estas deidades **destacan las Diosas Oscuras, poderosas**, feroces y a veces aterradoras. Sin embargo, no hay que temerlas. **Son guías para quienes se atreven a explorar las profundidades** de su propio ser, y enseñan que incluso en la destrucción existe la posibilidad de renacer.

Kali, quizá la más conocida de las Diosas Oscuras, es a la vez temida y venerada por su formidable poder. Vestida de oscuridad, con la piel negra como el vacío, es la destructora definitiva de la ilusión. **Como caminante**, cuando te encuentras con Kali, te despoja de todo lo falso, de todo lo que te impide abrazar tu verdadera naturaleza. Ella exige la verdad y nada menos. **Su cabello salvaje**, suelto y suelto, simboliza las fuerzas indómitas del universo, y su collar de calaveras te recuerda que la vida y la muerte se entrelazan en una danza sin fin. *Kali te enseña que, para conocerte de verdad, debes enfrentarte a la muerte del ego, a la destrucción de las identidades a las que te aferras.*

Pero Kali no es simplemente una diosa de la muerte; es la **madre del tiempo**, la que hace surgir los ciclos de la vida. En su aspecto destructivo, elimina lo viejo para dar paso a lo nuevo. **Acuna a sus devotos en los fieros brazos de la transformación**, instándoles a abandonar sus miedos y abrazar lo desconocido. **Su lengua ensangrentada**, a menudo representada en el arte, habla de la crudeza de su poder, de su capacidad para atravesar las falsas capas de la realidad y revelar las verdades primigenias que yacen bajo ellas. *Para los que buscan una base interior, la lección de Kali es sencilla pero difícil: ríndete al proceso de destrucción, porque sólo entonces podrás renacer.*

Durga, en cambio, encarna a la guerrera divina, **la feroz protectora de todo lo que es justo y recto**. Cabalga hacia la batalla, empuñando armas de poder divino con sus numerosos brazos, y con los ojos llenos de una concentración inquebrantable. En su presencia, no sientes la destrucción de ti mismo, como en el caso de Kali, sino el poder de defender tu verdadero yo contra todas las fuerzas que intentan reducirlo. **Durga representa la fuerza interior que posees**, esa tranquila resolución que hay en ti y que se niega a ceder ante las presiones externas. Representa la **energía divina femenina que no se deja domar ni reprimir**, un recordatorio de que, incluso en los momentos más oscuros, hay una guerrera dentro de ti esperando a alzarse.

El poder de Durga es innegable. Derrota a los demonios que amenazan el cosmos, pero lo que es más importante, derrota a los **demonios internos** que asolan tu corazón y tu mente: la duda, el miedo, la inseguridad. *Su energía es el fuego del autoempoderamiento*, que quema las limitaciones que te impones a ti mismo. Mientras buscas un punto de apoyo, **Durga te susurra que a veces el camino a seguir requiere luchar, no** con los demás, sino con las partes de ti mismo que se resisten al cambio.

Chinnamasta, otra Diosa Oscura, te enfrenta a una visión a la vez impactante y profundamente simbólica. Aparece **descabezada**, sosteniendo su propia cabeza cortada en una mano, mientras su sangre fluye libremente, nutriendo a los que la rodean. **El simbolismo de Chinnamasta es profundo:** representa el acto supremo de autosacrificio, la entrega de uno mismo por un bien mayor. **Para el caminante**, ella supone un reto para que abandone su apego a la mente, a la necesidad de control del ego. **Chinnamasta te muestra que el verdadero poder no reside en el yo, sino en la capacidad de trascenderlo,** de dar de ti mismo libremente, sin expectativas.

En su presencia, **te recuerda la belleza de dejarse llevar**, de permitir que la energía divina fluya a través de ti sin aferrarte a la forma ni a la identidad. **Su cabeza cortada** simboliza la necesidad de liberar la mente que piensa demasiado, de acallar el parloteo constante que te impide experimentar la plenitud del momento presente. *La feroz imagen de Chinnamasta te enseña que la rendición no es debilidad, sino una forma de fuerza suprema: la* fuerza de confiar en el proceso, incluso cuando parece que lo estás perdiendo todo.

Chamunda, la más temible de las Diosas Oscuras, encarna la energía de la muerte, la destrucción y el poder feroz de lo femenino desatado. **Es la devoradora de demonios** y su imagen suele ser aterradora: ojos hundidos, cuerpo demacrado y un collar de cabezas cortadas. Sin embargo, dentro de este temible exterior se esconde una profunda verdad. **Chamunda te muestra que no puedes rehuir la oscuridad interior**. Debes enfrentarte a ella sin vacilar si quieres salir fortalecido y con los pies en la tierra.

Su energía es la de la **noche más oscura**, el lugar donde todos los miedos e inseguridades quedan al descubierto. **Pero en esta oscuridad**, Chamunda te recuerda que también hay poder, **el poder de destruir lo que ya no te sirve**, de librarte de las limitaciones que te frenan. *Chamunda enseña que a veces la destrucción es necesaria*, no como un acto de crueldad, sino como un acto de liberación. **Cuando te enfrentas a ella**, te ves obligado a enfrentarte a tus miedos más profundos, pero al hacerlo, adquieres el poder de superarlos.

Cada una de estas **Diosas Oscuras lleva consigo una energía única**, una fuerza poderosa que destruye y crea. **Como caminante**, puede que te sientas atraído por sus misterios porque resuenan con algo muy dentro de ti: la comprensión de que para encontrar tu verdadero poder, primero debes enfrentarte a las sombras de tu interior. **Kali, Durga, Chinnamasta** y **Chamunda** no son sólo diosas de la destrucción; son **diosas de la transformación**, que te instan a liberarte de lo que te retiene y a abrazar el feroz poder que yace latente en tu interior.

En sus historias, encontrarás la tuya propia: la lucha entre la luz y la oscuridad, la creación y la destrucción, la muerte y el renacimiento. Te guiarán a través de estos ciclos y te mostrarán que **el enraizamiento no consiste en aferrarse a la estabilidad, sino en encontrar la fuerza en el flujo constante del cambio.** *Al rendirte a las fuerzas de la transformación*, te enraízas de un modo más profundo y duradero, **no en la ilusión de la permanencia, sino en la naturaleza siempre cambiante y en constante evolución de la vida misma.**

Kali

Con su piel negra o azul, la lengua goteando sangre y un collar de calaveras alrededor del cuello, se erige como una figura poderosa. **Caminante**, puede que sientas un escalofrío cuando te encuentres por primera vez con su imagen, porque Kali encarna la destrucción de la ilusión, el fin del ego y el poder de la transformación. Sin embargo, bajo su feroz exterior se esconde una fuerza maternal, que nutre y protege a sus devotos con un amor tan intenso como su ira.

Según los antiguos mitos, Kali nació de la ira de la diosa de la guerra **Durga**, que no pudo contener su furia mientras luchaba contra el demonio búfalo **Mahishasura**. Mientras Durga luchaba, su ira se manifestó en Kali, un ser de pura destrucción. Kali devoraba a los demonios que asolaban el mundo, llevando sus cabezas como trofeos en forma de collar. Su falda, hecha de brazos cortados, es un crudo recordatorio de su imparable poder.

Tú, como buscador de tu propia verdad, puedes mirar a Kali con temor y miedo, pero debes comprender que su violencia no carece de propósito. La destrucción de Kali está dirigida sólo a los demonios de la ignorancia, el ego y la ilusión. No destruye por placer, sino para limpiar, para dejar espacio a algo más profundo. **En su mitología, Kali sólo ataca a quienes amenazan el equilibrio cósmico**, asegurándose de que prevalezcan la verdad y la justicia.

La historia de Kali también nos muestra las profundidades de su ferocidad, ya que hay momentos en los que incluso los dioses tiemblan ante ella. Una vez, en su sed de sangre, no pudo detener su desenfreno. No fue hasta que pisó a su marido, **Shiva**, que yacía en su camino, que volvió en sí. **En ese momento**, Kali reconoció que incluso ella necesitaba hacer una pausa, encontrar el equilibrio entre la destrucción y la creación. *Este momento de reconocimiento no fue una derrota, sino un recordatorio del equilibrio entre la salvajada interior y la calma que debe seguir.*

Según otro relato de su nacimiento, Kali surgió cuando los dioses necesitaban un salvador para derrotar al demonio **Daruka**, que sólo podía ser asesinado por una mujer. Sin dudarlo, Kali respondió a la llamada, poniendo fin a su terror. Y en la historia de **Raktabija**, un demonio cuya cada gota de sangre creaba nuevos demonios, la solución de Kali fue sencilla: los devoró a todos, asegurándose de que ninguna sangre pudiera derramarse y multiplicar la amenaza.

Pero incluso en estas feroces representaciones, **Kali no es simplemente una diosa de la guerra y la violencia**. En el fondo, es una figura materna que protege a quienes buscan su guía y destruye sólo para reconstruir. **Su amor es tan ilimitado como su poder**, y a menudo se la representa en poemas antiguos como joven, voluptuosa e irresistible, a pesar de las imágenes terroríficas que a menudo se asocian con ella.

Como caminante, puede que te sientas atraído por el poder de Kali, sintiendo la atracción de su feroz energía. Pero su lección es clara: para encontrar tu verdad, debes estar dispuesto a destruir las ilusiones que te atan. Kali sostiene tanto la espada de la destrucción como la mano de la bendición, ofreciendo a la vez miedo y consuelo, destrucción y protección. **En esta dualidad reside su verdadera naturaleza**, y es a través de ella como puedes conectar con tu propia fuerza interior, tu propia naturaleza salvaje y el profundo amor maternal que te guía.

Existe una idea errónea sobre **Kali** que es importante aclarar. A menudo se relaciona erróneamente a Kali con el demonio **Kali** del Kali Yuga, la edad de la oscuridad y el declive moral en la cosmología hindú. Pero no son lo mismo. **Kali, la diosa,** representa la destrucción que conduce al renacimiento, mientras que **el demonio Kali** representa el caos sin creación, el fin sin renovación. Kali, la diosa, te capacita para enfrentarte a la oscuridad interior, vencer tus miedos y resurgir de las cenizas con más fuerza que antes.

Kali es venerada a menudo en sus múltiples formas, cada una de ellas portadora de una faceta distinta de su inmenso poder. Ya sea como **Dhumavati**, la viuda que simboliza la pérdida y la muerte, o como **Bhairavi**, la feroz madre que abraza tanto la vida como la destrucción, **la energía de Kali habla de los ciclos de la vida, la muerte y el renacimiento**. Te recuerda que, incluso en los momentos más oscuros, existe la posibilidad de una nueva vida, un nuevo crecimiento y una transformación.

En una historia, un grupo de ladrones secuestra a un monje y planea matarlo cerca de una estatua de Kali. La diosa, enfurecida por su intención de dañar a un inocente, da vida a la estatua y destruye a los ladrones. Kali no es sólo una destructora, sino también una protectora de los justos, que castiga el mal y mantiene el equilibrio del universo.

En su desnudez, Kali encarna la pureza y la libertad, despojada de todas las expectativas e ilusiones sociales. Representa la sexualidad, no en su forma domesticada y civilizada, sino en su poder crudo e indomable. **Te recuerda** que para ser íntegro, para estar enraizado, debes abrazar todas tus partes: tu oscuridad, tus deseos, tu ira y tu amor. No hay vergüenza en ella; sólo hay verdad.

Cuando busques la guía de Kali, puede que sientas que su energía despierta algo en lo más profundo de tu ser. Ella no rehúye las verdades difíciles, y tú tampoco deberías hacerlo. **Su mirada es directa, inquebrantable**, y te insta a enfrentarte a lo que más temes de ti mismo. Le pide que entre en el fuego, sabiendo que, aunque queme, también purificará.

Caminante, en el abrazo de Kali, encontrarás un nuevo tipo de enraizamiento. No es el que proviene de la quietud o la estabilidad, sino de la profunda comprensión de que puedes sobrevivir a la destrucción de tu viejo yo. **Kali te pide que dejes ir** lo que ya no te sirve, que no temas a la oscuridad interior y que abraces el poder que proviene de la transformación.

Cuando invocas a Kali, estás invocando a la propia fuerza de la naturaleza que destruye para crear. **En tu ritual, cuando enciendes la vela y pronuncias su nombre, le pides que te guíe en tu propio renacimiento**, que te ayude a romper las ilusiones y los apegos que te alejan de tu verdad. Y mientras meditas en su imagen, deja que su energía feroz y protectora te llene, recordándote que eres a la vez guerrero y criador, destructor y creador.

Durga

Durga es una fuerza incomprensible, una diosa guerrera nacida
de los poderes combinados de las deidades más supremas.
Caminante, cuando busques una base, debes saber que Durga
no es sólo una diosa a la que contemplar; es una energía, una
fuerza, una protectora que te rodea cuando el mundo parece
incierto.

Sus orígenes nos dicen mucho sobre su papel en el vasto tapiz de
la mitología hindú. **Mahishasura**, el demonio búfalo, causaba
estragos en la tierra y los cielos. Ni los dioses ni los hombres
podían aplacar el terror que sembraba. En ese momento de crisis,
la Tríada Suprema -**Shiva**, **Brahma** y **Vishnu**- se unió. De sus
energías combinadas surgió **Durga**. No nació como una niña,
tierna y necesitada de crecimiento. Surgió completamente
formada, radiante y feroz: una **guerrera lista para la batalla**, una
protectora de toda la creación.

Sus ocho brazos, cada uno con un arma, no sólo destruían a los
demonios físicos, sino también a los demonios internos: la ira, la
arrogancia, la codicia y el orgullo. En su batalla con
Mahishasura, demostró su implacable poder, luchando contra él
mientras adoptaba diversas formas. Y cuando por fin adoptó la
forma de un búfalo, **la espada de Durga atravesó su ilusión**,
matándolo y devolviendo el equilibrio al universo.

Puede que **tú** también sientas una conexión con esta diosa
guerrera cuando la vida te parezca un campo de batalla. Quizá
no te enfrentes a demonios como Mahishasura, sino a desafíos
que ponen a prueba tu fuerza, tu determinación y tus límites.
Durga te recuerda que, incluso ante una adversidad
abrumadora, nunca eres impotente. **Su energía está dentro de ti,**

un recordatorio de que puedes luchar contra las fuerzas que intentan disminuirte, tanto dentro como fuera.

Su nombre, **Durga**, tiene un profundo significado. Derivado de la palabra sánscrita para "fortaleza", significa su papel de fortaleza inquebrantable, una guardiana que cobija y protege a quienes la buscan. También se la llama **Durgatinashini**, que significa "la que elimina todos los sufrimientos". **Caminante, piensa en eso por un momento:** eliminar todos los sufrimientos. Esa es la esencia de su energía. **Cuando te sientas abrumado,** recuerda que Durga no sólo lucha por las batallas externas, sino también por las batallas internas a las que te enfrentas. Su poder es tu poder.

Sin embargo, **Durga no es una diosa de la destrucción sin sentido.** Hay gracia, hay control y, sobre todo, hay compasión. **Cabalga sobre un león,** sus movimientos calculados, su energía equilibrada. El león, símbolo de fuerza y control, refleja la capacidad de Durga para domar la naturaleza salvaje que lleva dentro. Sus armas, aunque formidables, son herramientas de **transformación,** no sólo de muerte. **La espada que empuña no es sólo para abatir enemigos, sino para cortar la ignorancia, las ilusiones que enturbian el camino.**

En algunas historias, **a Durga también se la conoce como Tryambake,** la diosa de los tres ojos. **Su ojo derecho** representa el sol, la fuerza de la acción. Su **ojo izquierdo** encarna la luna, la esencia del deseo y la emoción. Y el **ojo del medio,** el ojo de fuego, simboliza el conocimiento puro. **De este modo, abarca todos los aspectos de la existencia: la** acción, la emoción y la sabiduría. **Cuando la invocas,** estás invocando la energía que te permite ver con claridad a través del caos.

El mito de Durga es rico en símbolos, pero ninguno más potente que su victoria sobre Mahishasura. No se trataba sólo de una batalla de fuerza física; era una batalla de energías. El demonio representaba el ego, las cualidades destructivas de la mente humana. **La victoria de Durga simboliza el triunfo de la conciencia sobre la inconsciencia, de la consciencia sobre la ignorancia. Ella lucha para que puedas recuperar la claridad que yace en tu interior,** incluso cuando el mundo exterior parece oscuro y tumultuoso.

Su **dualidad** es lo que la convierte en una diosa tan poderosa para quienes están en el camino del descubrimiento interior. Es a la vez destructora y nutridora, feroz y compasiva. **Caminante, si buscas la base,** necesitas ambas energías en tu interior. Necesitas el fuego de la destrucción para quemar lo que ya no te sirve, y necesitas la dulzura de la compasión para nutrir lo que es bueno y verdadero en tu vida.

La imagen de Durga, con sus ocho brazos y armas, puede parecer abrumadora a primera vista. Pero si miramos más a fondo, veremos un equilibrio, una comprensión de que el poder, cuando se usa con sabiduría, puede traer la paz. Cada una de sus armas representa un aspecto diferente de su naturaleza divina: la espada para la verdad, el tridente para la curación, el loto para la pureza. **Siempre está preparada, siempre está equipada para luchar desde todas las direcciones.** Y tú también debes estarlo, mientras atraviesas las pruebas de la vida, sabiendo que tú también puedes defenderte de las muchas fuerzas que intentan apartarte de tu camino.

Uno de los mensajes más significativos de Durga se refiere a **los límites. Te enseña a proteger tu energía, a** poner límites a quienes agotan tus fuerzas. Su capacidad para luchar en todos los frentes es un recordatorio de que tú también tienes el poder de protegerte de la negatividad, de proteger tu corazón de quienes quieren hacerte daño. Pero también enseña compasión, porque no lucha por maldad, sino para proteger el mundo y restablecer el equilibrio. **Cuando encarnas la energía de Durga,** puedes poner límites sin cerrarte a nadie. Puedes ser fuerte sin ser duro. Puedes luchar sin perder la compasión.

La energía de Durga no es sólo un concepto. Es algo que puedes sentir, algo a lo que puedes recurrir cuando lo necesites. En momentos de duda o miedo, cuando los retos de la vida te parezcan demasiado grandes, respira hondo y recuerda que Durga está contigo. **Ella es la voz dentro de ti que dice: "No me rendiré"**. Ella es la fuerza en tus huesos, el fuego en tu alma.

Al invocar la presencia de Durga, **caminante, estás invocando las reservas más profundas de tu propia fuerza**. Su mensaje es claro: lucha por lo que es correcto, lucha por lo que es verdadero, pero siempre desde un lugar de paz interior. Deja que sea tu guía, no sólo en los momentos de batalla, sino también en los momentos de fuerza tranquila, en los que tus límites son firmes, tu corazón está abierto y tu mente es clara.

Durga te recuerda que eres poderoso más allá de toda medida y que, con su energía, puedes superar cualquier obstáculo.

Chinnamasta

En las sombras del cosmos, **Chinnamasta** se erige como una diosa cuya forma desafía al caminante a enfrentarse a las complejidades de la vida y la muerte, del deseo y el autocontrol. **Su nombre - "la de la cabeza cortada"- evoca inmediatamente una imagen a la vez inquietante y poderosa**. Y sin embargo, como ocurre con todas las Diosas Oscuras, lo que se esconde bajo la superficie es una profunda verdad que espera ser revelada.

Caminante, mientras buscas tu enraizamiento interior, **Chinnamasta** te llama a mirar más allá de la imagen aterradora y ver el acto sagrado del autosacrificio, de la transformación y de la inmensa fuerza de lo femenino. Ella no es un mero símbolo de ruptura, sino una guía para comprender las profundidades de la entrega y el empoderamiento que surgen cuando uno se desprende del ego, el apego y la ilusión de control.

Según cuenta la leyenda, un día **Parvati**, la diosa del amor y la fertilidad, se dirigió con sus asistentes a las aguas sagradas **del río Mandakini**. Allí, algo cambió en lo más profundo de su ser: su cuerpo se oscureció y una oleada de energía desconocida recorrió sus venas. Sus acompañantes también sintieron un hambre inexplicable, y sus ojos suplicaron alimento. Y en ese momento, **Parvati**, impulsada tanto por **la compasión femenina** como por un amor feroz, tomó una decisión extraordinaria. Desenvainó su espada y, con un rápido movimiento, se cortó la cabeza, dejando que chorros de sangre fluyeran de su cuello, alimentando a sus asistentes con la esencia de la vida misma. Fue un acto de entrega definitiva, que **desafiaba el orden natural**, pero que hablaba de una verdad más profunda sobre el sacrificio y el amor.

Caminante, este mito no es sólo sobre Parvati o Chinnamasta. Trata de **ti**. Habla de los momentos en los que puedes sentirte abrumado por el deseo o agobiado por aquellos que buscan en ti guía, sustento, fuerza. Y, sin embargo, como Chinnamasta, descubres que la única forma de dar de verdad es entregar una parte de ti mismo. Pero esta separación, este acto de dejar ir, no te destruye. Al contrario, revela un poder más profundo en tu interior.

Según otra versión de su origen, **Chinnamasta** nació de la feroz batalla entre los dioses y los demonios. Cuando los dioses no pudieron resistir más el poder de sus enemigos, pidieron ayuda a **Mahashakti**, la diosa suprema. Apareció con una furia sin igual, matando a los demonios sin piedad. Y sin embargo, en su victoria, volvió su espada contra sí misma, bebiendo su propia sangre como recordatorio de que el poder desenfrenado, incluso al servicio del bien, debe estar templado por la autorreflexión y la moderación.

Esta dualidad es la esencia de **Chinnamasta. Es a la vez creadora y destructora, nutridora y feroz guerrera**. Encarna la **oscura energía femenina** que muchos temen, pero pocos comprenden. Su imagen -una diosa desnuda y feroz que sostiene su cabeza cortada en una mano y una espada en la otra- puede parecer inquietante al principio. Pero si **la** miras más de cerca, verás que representa la paradoja de la vida misma. **En su desnudez, se despoja de los atavíos del mundo material**. Su cabeza cortada, lejos de ser un símbolo de muerte, representa **la liberación definitiva del ego y el apego**. Y en los chorros de sangre que manan de su cuello, da vida a quienes la rodean.

Chinnamasta se alza sobre los muertos, no como diosa de la destrucción, sino como alguien que ha conquistado sus deseos, sus miedos y sus limitaciones. Te reta a hacer lo mismo. A enfrentarte a las partes de ti mismo que ya no te sirven, a los miedos y apegos que te impiden abrazar plenamente tu verdadero poder.

En el simbolismo de **Chinnamasta**, cada detalle tiene un significado. **La serpiente que rodea su cuello** habla del poder primigenio de la transformación: despojarse de la vieja piel para revelar la nueva. Su cabeza cortada, que bebe la sangre de su propio cuello, muestra que el verdadero poder viene de dentro. **No se alimenta de fuentes externas**, sino del profundo pozo de fuerza que reside en su interior. **Wayfarer, ¿puedes encontrar esa fuerza dentro de ti?** ¿Puedes cortar los lazos que te atan a viejos patrones y alimentarte con la verdad de lo que realmente eres?

Aunque pueda parecer aterradora, **Chinnamasta** es, en el fondo, una madre. **No se sacrifica por rabia, sino por amor**. No toma la vida sin sentido, sino que la da cortándose la cabeza, simbolizando **la muerte del ego**. De este modo, nos enseña que, **a veces, la transformación más profunda se produce al desprendernos** de lo que creemos que más necesitamos retener. Su historia, como la de tantas Diosas Oscuras, nos pide que miremos más allá de la superficie y veamos las verdades más profundas que se ocultan en nuestro interior.

La forma feroz y desnuda de Chinnamasta nos recuerda que debemos enfrentarnos a las partes más crudas de nosotros mismos, las que a menudo intentamos ocultar. **Te invita a despojarte de las capas** de protección, de la falsa identidad, del ego que te dice que estás separado de lo divino. **Su espada es tu herramienta para cortar estas ilusiones** y revelar el poder que yace en el corazón de tu ser.

Para algunos, **el acto de Chinnamasta de cortarse la cabeza** puede parecer una locura. Pero hay **una sabiduría más profunda** en sus acciones. **Es un recordatorio de que, para dar de verdad, primero debemos soltar lo que ya no nos sirve.** Su valor, su sacrificio y su voluntad de enfrentarse a las partes más oscuras de sí misma son regalos que te ofrece. **¿Los aceptarás?**

Mientras recorres tu camino, **caminante**, deja que **la historia de Chinnamasta** te sirva de guía. Cuando te sientas abrumado por las exigencias de la vida, cuando el peso de las expectativas te oprima, **recuerda que tienes el poder de cortar esas ataduras.** Tienes la fuerza para mantenerte en tu verdad, incluso cuando eso signifique enfrentarte a las partes más oscuras de ti mismo. Y al hacerlo, descubrirás que **no estás disminuido**, sino completo.

Chinnamasta no es una diosa de la destrucción porque sí. Es la diosa de la transformación, de la liberación, de la entrega al proceso de la vida y la muerte, de la creación y la destrucción. Nos recuerda que **no hay creación sin destrucción**, ni nacimiento sin muerte, ni transformación sin sacrificio. **Y en su amor feroz**, nos muestra que los dones más profundos suelen proceder de los lugares más dolorosos.

Mientras buscas tu propio enraizamiento interior, **Chinnamasta** te anima a abrazar tanto la luz como la oscuridad que hay en ti. A encontrar la fuerza para desprenderte de lo que ya no te sirve y a confiar en que, en la rendición, **encontrarás tu verdadero poder. Su cabeza cortada no es un símbolo de pérdida, sino de liberación.** Y mientras recorres tu camino, **caminante**, que encuentres esa misma liberación dentro de ti.

Chamunda

Chamunda, diosa nacida de la sangre, la guerra y el fuego, es también madre, protectora y fuerza transformadora.

Antes de que **Chamunda** formara parte del panteón hindú, ya era venerada por distintas tribus. Sus orígenes están envueltos en la bruma del tiempo, pero una cosa está clara: su poder es antiguo, su presencia innegable. A diferencia de muchas diosas que nacen en la luz, **Chamunda** surgió de la oscuridad, forjada en la batalla y la furia. **Su existencia** fue una respuesta al ascenso de los demonios, y su propósito estaba claro: restaurar el equilibrio mediante la destrucción, proteger mediante la aniquilación.

La historia de **Chamunda** comienza con dos ambiciosos hermanos demonios, **Shumbha** y **Nishumbha**, que pretendían conquistar el mundo. Se torturaron durante miles de años escondiéndose en un templo para ganarse el favor de **Brahma**, el dios creador. Cuando le impresionaron con sus actos de devoción, **Brahma** les concedió una recompensa. Los hermanos eligieron la inmortalidad de una forma muy concreta: ningún hombre, ningún dios masculino podría jamás dañarlos o matarlos. Y con este don, se volvieron imparables, sembrando el caos en la tierra, empujando a los dioses a las sombras del miedo.

Los dioses, impotentes ante los demonios, recurrieron a **Devi Parvati**, la diosa suprema. Ella observó y esperó, sabiendo que sólo ella tenía el poder de detenerlos. **Wayfarer, la historia de Chamunda trata de la paciencia y de la quietud que precede a la tormenta. Parvati** se situó cerca de los demonios, en silencio, sabiendo que se darían cuenta de su presencia. Y así fue. Su belleza llamó la atención de uno de sus asistentes, que informó a

Shumbha. El demonio quedó cautivado por ella y envió mensajeros para solicitar su presencia. Pero **Parvati** se negó. Los demonios se enfadaron, sospechando que alguien apoyaba su resistencia. Ordenaron a su ejército que la obligara a someterse. Y fue entonces cuando nació **Chamunda**.

En un rugido de desafío, **Chamunda** brotó de la frente de **Devi Parvati**. El campo de batalla se convirtió en su dominio. Era una fuerza de la naturaleza: su espesa cabellera pelirroja enmarcaba un rostro de poder implacable, sus ojos ardían con el fuego de la batalla. **Su piel, roja como la sangre**, reflejaba la sangre que estaba a punto de derramar. Y con su llegada, las tornas de la batalla cambiaron. Devoró **a Chanda** y **Munda**, dos de los generales más temidos del ejército demoníaco, y **se ganó el nombre de Chamunda,** un nombre grabado en la sangre y la victoria.

Mientras **Chamunda** bailaba triunfante, su energía pulsaba a través de la tierra, sacudiendo incluso a los dioses. **Caminante,** hay un profundo misterio en esta danza de destrucción.

Estar en presencia de **Chamunda** es sentir la paradoja de su naturaleza: feroz **y amorosa, aterradora y compasiva.** Es la diosa de la guerra, el hambre y las catástrofes, pero también es una figura materna, protectora de quienes la invocan en caso de necesidad.

Su sola aparición suscita asombro y temor.

Sus tres ojos, cada uno de los cuales arde con intensidad, simbolizan su naturaleza omnisciente. No sólo mira el mundo exterior, sino también lo más profundo de tu alma, descubriendo lo que se esconde en tu corazón.

Cuatro brazos, cada uno con un arma, muestran su disposición a luchar en cualquier momento y desde cualquier dirección. Lleva un collar de calaveras, cada una de ellas testimonio de sus victorias sobre los demonios del mundo. Y, sin embargo, **bajo las calaveras y las armas, hay ternura**. La sangre que derrama no es insensata; es deliberada, una fuerza protectora destinada a salvaguardar el orden cósmico.

Chamunda, como muchas Diosas Oscuras, camina entre la creación y la destrucción.

No mata por rabia, sino por necesidad. Los demonios que mata no son meros enemigos: son manifestaciones de **arrogancia, codicia y caos**, las mismas fuerzas que amenazan la armonía. **Caminante**, aquí tienes algo que aprender. **Chamunda te pide que te enfrentes a tus propios demonios: los** pensamientos, comportamientos y patrones que te mantienen atado. Te recuerda que el verdadero poder reside tanto en la capacidad de crear como en el valor de destruir lo que ya no te sirve.

Su conexión con **Shiva -el** dios de la destrucción- amplifica su energía. Juntos encarnan la dualidad de la vida y la muerte, el equilibrio del universo. A menudo se la invoca para eliminar obstáculos, hacer justicia y desterrar las fuerzas negativas. Pero al hacerlo, también te exige que **mires en tu interior y veas las sombras que necesitas liberar**.

Aunque pueda parecer temible, **Chamunda** no es una fuerza de destrucción indiscriminada. Responde a quienes la buscan con un corazón puro, a quienes están dispuestos a enfrentarse a sus miedos y a su oscuridad.

Ella es una guía a través de las sombras, mostrándote que no hay necesidad de temer a la oscuridad cuando llevas la luz de tu propia fuerza en tu interior.

Mientras recorres tu camino, **caminante**, debes saber que **Chamunda** está contigo, con su feroz energía protegiéndote del daño, pero también empujándote a enfrentarte a la verdad de quién eres.

Te pide que seas lo bastante valiente para adentrarte en lo desconocido, abrazar el caos y salir de él transformado.

Cuando la invoques, hazlo con reverencia.

 Comprende la profundidad de su poder y las lecciones que aporta. No es una diosa a la que llamar a la ligera, pero siempre está dispuesta a proteger a quienes le muestran respeto y devoción.

Caminante, a medida que te adentras en ti mismo, confía en que la fuerza de **Chamunda** fluye a través de ti.

 Su amor feroz, su protección inquebrantable y su capacidad para destruir lo que ya no te sirve **son los dones que te ofrece**.

Y cuando estés preparado, ella te guiará a través de las partes más oscuras de ti mismo, ayudándote a emerger, más fuerte y más alineado con tu verdadero poder.

Hiḍimbā

los bosques de la sabiduría ancestral están llenos de secretos,
donde dioses y demonios caminan entre los mortales. En uno de
esos bosques, entre árboles altísimos y sombras densas de
misterio, se desarrolla una historia que habla de poder,
transformación y amor más allá de los límites de lo ordinario.
Esta es la historia de **Hiḍimbaa**, la feroz **rakshasi** que se cruzó
en el camino de **Bhīma**, el poderoso guerrero de los **Pāṇḍavas**.
Su presencia, a la vez aterradora y encantadora, nos recuerda
que la fuerza suele surgir de lugares inesperados.

Cuando los **Pāṇḍavas** buscaron refugio en los profundos
bosques, escapando de sus enemigos, se adentraron sin saberlo
en los dominios **de Hiḍimbaa**. La noche era espesa, y mientras
los demás dormían, **Bhīma** montaba guardia. Allí, bajo el denso
dosel, tenía lugar otro tipo de vigilancia. **Hiḍimbā**, el hermano
de Hiḍimbaa, captó desde lejos el olor de los **Pāṇḍavas**. Su sed
de sangre se despertó, y envió a su hermana a atraer al más
fuerte de ellos, **Bhīma**, a una trampa para poder devorarlo.

Pero, **caminante**, no todo en este mundo sigue un camino
sencillo. **Hiḍimbaa**, **un rakshasi**, una criatura destinada a incitar
el miedo y la destrucción, se encontró agitada por algo
totalmente distinto cuando se acercó a **Bhīma**. **El amor floreció
donde sólo debería haber hambre.** No se sintió atraída por su
carne, sino por el poder de su corazón, la fuerza de su alma.
Transformada, apareció ante él no como la figura aterradora que
era, sino como una mujer de belleza sobrecogedora, su espíritu
feroz suavizado por la atracción del amor.

Reveló su verdad a **Bhīma, caminante, sin** esconderse tras el
engaño, sino mostrando su cruda honestidad. **Hiḍimbaa** habló
de las intenciones de su hermano, del peligro que le aguardaba.

Pero en su revelación, también confesó su deseo, un anhelo que desafiaba las leyes de su especie. Su honestidad se convirtió en su poder, y con esto, **Bhīma** comprendió la profundidad de su coraje. **Hiḍimbā**, el temible rakshasa, pronto encontró su rival en **Bhīma**, que lo venció en una batalla que atronó el bosque. La lucha no era sólo por la supervivencia, sino por la posibilidad de algo más.

Tras la batalla, **Hiḍimbaa** no se erigió en enemiga, sino en aliada. Su amor por **Bhīma** había cambiado el curso de su destino. Pidió ser su esposa, caminar a su lado a pesar de los mundos que los separaban. Y así, se casaron en ese bosque, **caminante**, bajo el dosel de árboles centenarios, el aire todavía espeso con el eco de la batalla. Pero esta unión no estaba destinada a ser permanente. **Bhīma**, atado por el deber y el destino, prometió quedarse con ella sólo hasta que naciera un hijo. **Hiḍimbaa**, en su amor y sabiduría, lo aceptó con gracia.

Con el tiempo, nació su hijo, un niño llamado **Ghaṭotkacha**, cuya cabeza se asemejaba a una olla, símbolo de lo inesperado y lo extraordinario. Este niño, nacido de la tierra y el cielo, se convertiría en un guerrero formidable, y su presencia en la gran guerra **del Mahābhārata** sería un testimonio del poder que emanaba de sus padres.

Pero, **caminante**, la historia **de Hiḍimbaa** es mucho más que su unión con **Bhīma**. Después de que él la dejara para continuar su viaje, ella permaneció en el bosque, dedicándose a un camino de transformación espiritual. No era sólo una esposa, ni una simple madre: era una diosa por derecho propio. **Hiḍimbaa**, antaño una temible rakshasi, entró en una vida de penitencia y oración, con su feroz energía redirigida hacia lo divino. Su nombre se convirtió en sinónimo de fuerza, resistencia y transformación. Con el tiempo, fue venerada y se levantaron templos en su honor, y su legado se entretejió en el tejido mismo de la tierra.

En Manali hay un templo dedicado a **Hiḍimbaa**, la que fuera demonio y se convirtió en diosa. Es un lugar de veneración, donde el aire está impregnado del recuerdo de su poder. La gente viene a honrarla, a buscar sus bendiciones, no como un demonio temible, sino como una protectora, una madre y una guía. También se la venera en **Nepal,** en el **Bhutandevi Mandir**, donde se sigue honrando su feroz energía con el nombre de **Bhuṭanadevī**, una diosa que guarda y guía con su sabiduría de otro mundo.

La historia **de Hiḍimbaa**, como la propia diosa, está llena de complejidades. Es un ser que caminó entre mundos: el mortal y el divino, el temido y el venerado. Su fuerza no provenía sólo de su poder físico, sino de su capacidad para amar con fiereza, luchar por lo que importaba y transformar su propia naturaleza. Nos enseña que en cada uno de nosotros reside el potencial de transformación, que no estamos limitados por los papeles en los que hemos nacido. **Hiḍimbaa** nos recuerda que podemos elegir nuestro camino, incluso cuando ese camino nos lleva a través de la oscuridad y el peligro. Y al hacerlo, encontramos nuestro propio poder, nuestra propia luz.

En los antiguos bosques de los mitos, por donde vagan dioses y demonios, la historia **de Hiḍimbaa** susurra a quienes la buscan: a quienes están dispuestos a abrazar la fuerza de su propio corazón y a enfrentarse a lo desconocido con valentía y amor.

DIOSAS AFRICANAS

Caminante, cuando recorras los pasillos del mito y la leyenda, descubrirás que algunos senderos están bien iluminados, mientras que otros permanecen envueltos en sombras. Habrás oído las historias de **Thor**, el dios del trueno de los reinos nórdicos, o de **Afrodita**, la radiante diosa del amor de la antigua Grecia. Incluso **Cleopatra**, aunque no es realmente una diosa, es venerada en los relatos egipcios. Pero más allá de estos caminos trillados, existe otro mundo, un reino del que no se habla con tanta frecuencia, pero rico en poder y misterio: **la** antigua **mitología africana**.

En el corazón de África, donde la tierra palpita con vida y el aire zumba con espíritus, hay diosas tan antiguas como el tiempo mismo. Son las Diosas Oscuras: guardianas de los secretos, guardianas de la transformación y encarnación de las fuerzas primigenias de la naturaleza. Puede que sus nombres no resuenen en la corriente dominante, pero su poder es innegable. Caminar por su mundo es adentrarse en las sombras de la creación, tocar las energías invisibles que dan forma a la vida y a la muerte.

Una de ellas es **Oya**, la diosa yoruba de las tormentas, los vientos y la transformación. Su presencia se siente en los aullidos del viento antes de una tormenta, en el crepitar de los relámpagos que surcan el cielo y en las corrientes cambiantes del cambio. **Oya** no es una diosa que ofrezca una guía amable. No, **caminante**, ella barre tu vida como una tempestad, derribando lo que ya no te sirve, obligándote a enfrentarte a la verdad de lo que eres. Estar en su presencia es quedar atrapado en el ojo de una tormenta, donde el caos del mundo se encuentra con la quietud de tu alma.

Dicen que **Oya** gobierna los vientos que barren la tierra, llevando con ellos los espíritus de los muertos. Es la guardiana de la otra vida, la que guía a las almas a través del velo y hacia el otro reino. Su papel es a la vez temido y venerado. Es la diosa que trae la muerte, pero también la que trae el renacimiento. En su oscuro abrazo no sólo se encuentra la destrucción, sino también la promesa de renovación.

Otra figura poderosa es **Mami Wata**, la diosa africana de las aguas. Es tan escurridiza como las profundidades de los océanos que domina, una diosa que encarna tanto la belleza como el peligro. A menudo se la representa como una sirena, con el cuerpo cubierto de escamas y la mirada tan hipnótica como las olas. Representa las profundidades del subconsciente, las partes ocultas del ser que son tan vastas y misteriosas como el mar. Cuando se te aparece, es una llamada a sumergirte en las profundidades, a explorar las aguas inexploradas de tu alma, a enfrentarte a los deseos y miedos que yacen bajo la superficie.

Pero ten cuidado, **caminante**. **Mami Wata** no debe tomarse a la ligera. Es una diosa que ofrece bendiciones y maldiciones. Sus dones son muchos: riqueza, belleza y amor, pero tienen un precio. Quienes la invocan deben estar preparados para enfrentarse a sus anhelos más íntimos y pagar el coste de sus deseos. No concede sus bendiciones gratuitamente, y su presencia, como el mar, es a la vez cautivadora y peligrosa.

Luego está **Nzinga Mbande**, a menudo considerada no como una diosa en el sentido tradicional, sino como una **reina guerrera** cuyo legado ha trascendido el tiempo, transformándola en un símbolo del feroz espíritu femenino. Gobernante **de los reinos Ndongo y Matamba**, **Nzinga** desafió a los colonizadores portugueses, liderando a su pueblo con astucia, fuerza y una fuerza de voluntad inigualable. Su historia no es la de una deidad mítica, sino la de una fuerza viva, una encarnación de la resistencia, la resiliencia y el poder oscuro e inquebrantable que poseen las mujeres cuando se les pide que protejan lo que aman.

Cuando leas las historias de estas diosas, recuerda, **caminante**, que su oscuridad no es algo que haya que temer. Es en la oscuridad donde comienza la transformación. El vientre de la tierra es oscuro, y de él brota la vida. La noche es oscura, pero bajo su manto brillan las estrellas. Estas Diosas Oscuras africanas no están aquí para hacerte daño; están aquí para desafiarte, para empujarte más allá de tus límites, para arrancarte las ilusiones que te ciegan de tu verdadero poder.

Estas diosas, como **Oya**, **Mami Wata** y **Nzinga**, reflejan una faceta de la divinidad femenina que es cruda, descarnada y ferozmente protectora. No encajan en las nítidas cajas del amor, la belleza y la fertilidad a las que suelen confinarse otras diosas. En cambio, nos recuerdan que el poder no siempre es suave, que lo femenino no siempre es blando. A veces, es una tormenta, un maremoto, un grito de guerra que resuena a través de los tiempos.

Así que mientras recorres este camino, **caminante**, no temas a las sombras. Abrázalas. Porque en el abrazo de las Diosas Oscuras, encontrarás no sólo el poder para transformar tu vida, sino la fuerza para permanecer en tu propia verdad. Estas diosas no son figuras distantes en el cielo; están dentro de ti, esperando a que las despiertes. **Su poder es tu poder: una** fuerza que puede romper cadenas, hacer añicos ilusiones y guiarte a través de las noches más oscuras de tu alma.

En sus mitos encontrarás trozos de ti mismo. En sus historias, descubrirás la fuerza para reclamar tu propio poder. Estas diosas no son meras reliquias del pasado; son fuerzas vivas que habitan en el corazón de cada mujer que se atreve a enfrentarse a su oscuridad y a salir fortalecida por ello.

Y a medida que aprendas sus nombres, sus símbolos y sus misterios, tú también encontrarás el poder para desvelar los secretos de tu propia diosa interior.

Oya

Oya, una fuerza temida y venerada a la vez, es un **orisha** de la tradición yoruba. A diferencia de las deidades que usted conoce, Oya no es una mera diosa, sino una feroz intermediaria entre los vivos y los muertos. Está allí donde el velo es más delgado, guiando las almas de los difuntos y vigilando los cementerios.

Oya es la tempestad. Puede ser la suave brisa que acaricia tu piel o la aullante tormenta que desgarra tu mundo, desmantelándolo todo a su paso. Pero su naturaleza no es simplemente destruir. También es la Orisha del renacimiento, del cambio y de la vida más allá de la muerte. Ella existe donde empiezan y terminan los ciclos, donde se produce la transformación.

Sus orígenes se remontan al corazón de la religión yoruba, y su nombre, "O Ya", significa "ella rasgó". No es sólo un nombre, es un reflejo de su esencia. Ella desgarra el tejido de tu vida, sacudiendo todo lo que debe caer. Es la fuerza de la agitación, la portadora del cambio, tanto si estás preparado como si no.

Caminante, en tu viaje por la vida, debes saber que Oya es a la vez protectora y retadora. Sus vientos despojarán lo que ya no te sirve, ya sean personas, situaciones o incluso tus propias ilusiones. Es la madre de la transformación, que te insta a liberarte de lo viejo y a dejar espacio para lo nuevo.

En **la mitología yoruba**, Oya fue una vez humana, una guerrera feroz y justa que liberaba a los esclavizados y protegía a los débiles. Su vida fue extraordinaria, hasta el punto de que, cuando falleció, se le otorgó un papel eterno como orisha. Se convirtió en guardiana de los muertos, feroz protectora de las mujeres y fuerza de la naturaleza. Su poder no es el de la sumisión tranquila; es el poder de la tormenta.

Oya estaba casada con **Shango**, el orisha del trueno, una unión tan tumultuosa como las fuerzas que comandaban. Juntos gobernaban las tormentas y los relámpagos, y su amor era una tempestad tan feroz como el clima que controlaban. Oya, aunque favorecida por Shango, tuvo un gran dolor, pues ninguno de sus nueve hijos sobrevivió al nacimiento. Por eso lleva nueve pañuelos, uno por cada hijo, y mantiene vivo su recuerdo mientras sigue gobernando sobre los vientos y los muertos.

Pero Oya no es una diosa de la que compadecerse. Su dolor la ha forjado en algo más fuerte. Empuña una **espada** que atraviesa engaños y obstáculos, llevando la justicia allí donde se necesita. En la otra mano lleva un **abanico**, capaz de agitar los vientos hasta convertirlos en tormentas, invocando las fuerzas de la naturaleza con un simple movimiento de muñeca.

Sus dominios se extienden a lo largo y ancho. Es la **Orisha de la transformación**, la destrucción y el renacimiento. Gobierna **los terremotos**, **las tormentas** y los **relámpagos**, y guía a los propios elementos. También es la guardiana del mercado, donde los deseos humanos chocan con las fuerzas divinas. Se dice que aquellos que mienten o engañan en sus tratos son los que más sienten su ira.

Oya también está en el umbral de la otra vida. Es la guardiana del cementerio, vela por los espíritus de los muertos y garantiza que se mantenga el equilibrio entre vivos y muertos. Cuando un alma está preparada para pasar al más allá, es **Oya** quien la guía hacia el otro lado, garantizando su paso seguro. Sin embargo, también tiene el poder de retener a los espíritus si sus asuntos en el mundo de los vivos están inconclusos.

Invocar a Oya es invitar al cambio a tu vida. Su energía no es suave, pero es necesaria. Si tu vida está estancada, si los vientos de la transformación han dejado de soplar, ella puede ser la fuerza que necesitas. Pero ten cuidado, **caminante**: Oya no tolera el engaño, la pereza o la injusticia. Si buscas su ayuda, debes estar preparado para la tormenta que vendrá después. Ella derribará lo que es débil y falso, dejando en su lugar sólo lo que es verdadero y fuerte.

Oya también es conocida como la **Gran Madre de las Brujas**, la que domina la magia de la vida y la muerte. Es una fuerza de la naturaleza, y su poder reside en su capacidad para atravesar los reinos de los vivos y los muertos con facilidad. Es la guía definitiva para aquellos que desean comunicarse con sus antepasados, buscar la sabiduría de ultratumba o transformar sus vidas por completo.

Caminante, si sientes que Oya te llama, te enviará señales. Puede que te sientas atraído por sus símbolos **-vientos, tormentas, relámpagos- o** que sientas una repentina e inexplicable atracción hacia la transformación. Puede que ella venga a ti en sueños, guiándote a través de la agitación, o puede que sientas su presencia en los cambios que barren tu vida, repentinos e inesperados.

Cuando los vientos del cambio empiezan a soplar, es Oya quien está detrás de ellos. Sus lecciones no siempre son fáciles, pero siempre son necesarias. Te enseña a abrazar el caos, a encontrar tu fuerza en la tormenta y a salir de los escombros con un nuevo sentido de la vida. Su presencia en tu vida significa que estás listo para la transformación, para renacer, para el siguiente capítulo de tu viaje.

Si deseas honrarla, **caminante**, puedes ofrecerle cosas que resuenen con su energía. **Ciruelas, chocolate negro, vino tinto u ofrendas de ámbar y piedra lunar** pueden colocarse en su altar. Pero más que estas ofrendas materiales, Oya valora la verdad, la justicia y la voluntad de aceptar el cambio.

Al final, Oya no es sólo la diosa de las tormentas y los vientos. Es la diosa de **la vida** y la **muerte**, de la **transformación** y **el renacimiento**. Posee las claves de los misterios de la existencia y te guía a través de los ciclos de creación y destrucción. Caminar con ella es caminar por la senda **del valor** y **la transformación**. Ella es la tormenta que despejará el camino para que algo nuevo, algo más verdadero, eche raíces en tu vida.

Y así, **caminante**, cuando sientas que los vientos empiezan a levantarse, debes saber que **Oya** está cerca. Confía en su poder y deja que te guíe a través de la tormenta. Porque al otro lado, emergerás más fuerte, más sabio y más plenamente alineado con tu verdadero yo.

Yewa

Caminante, recorres un sendero lleno de misterios y sombras. Mientras buscas la sabiduría de las Diosas Oscuras, te encontrarás en los confines de los mundos, donde la vida y la muerte se entrelazan, donde los vivos caminan junto a los muertos. **Allí** te espera una de las Orishas más enigmáticas: Yewa. Es la hermana de Oya y, como ella, gobierna los cementerios y a los muertos. Yewa es una figura envuelta en quietud y silencio, que vigila los límites de los cementerios, impidiendo que los espíritus inquietos vaguen entre los vivos. Ella no causa la muerte, pero es quien ayuda a las almas a encontrar su lugar de descanso final. Es una guía, una escolta y una guardiana del umbral sagrado.

Los orígenes de Yewa se remontan a la **religión yoruba**, y su nombre significa "Nuestra Madre", derivado de las palabras *Yeye* (madre) y *Awa* (nuestra). Antaño era la protectora de las mujeres y las madres, una poderosa figura de la fertilidad y el agua. Pero su historia cambió con el tiempo y ahora reina como Orisha de la muerte, la soledad y la pureza.

Caminante, Yewa no siempre fue la Orisha oscura y solitaria que ves ahora. Antes era una belleza radiante, una virgen conocida por su castidad. Muchos Orishas masculinos la deseaban, atraídos por su gracia. Entre ellos estaba **Shango**, un famoso mujeriego que había seducido a muchas Orishas antes. Persiguió a Yewa con una pasión a la que ella no pudo resistirse y, aunque cayó rendida a sus encantos, Shango la abandonó tras quedarse embarazada, dejándola sola y avergonzada. A Yewa se le rompió el corazón, perdió a su hijo y enterró su dolor junto con el bebé nonato bajo un árbol. Desde ese momento, se retiró a las sombras, viviendo entre las tumbas con su hermana Oya, rodeada de muertos.

El mito de Yewa adopta muchas formas. En una de ellas, **Olokun**, el orisha de las profundidades, se enteró de su dolor y, por compasión, devolvió a la vida a su hijo perdido. Este niño, **Borosia**, se convirtió en el protector de Olokun. Sin embargo, Yewa permaneció en el reino de su cementerio, con su belleza y pureza manchadas por el dolor que había sufrido.

En otra versión de su historia, **wayfarer**, Yewa juró no volver a caer. Se escondió, hizo voto de castidad y se retiró al castillo de su padre **Obatala**. Pero incluso allí, su belleza era su maldición. Shango volvió a saber de su belleza y la buscó. Esta vez, sin embargo, ella era más sabia. Dividida entre su deseo y su miedo a repetir el pasado, Yewa acudió a Obatala en busca de consejo. Su padre, conocedor de su tormento, la envió al reino de los muertos, donde ningún ser vivo podría volver a tentarla.

Yewa camina ahora entre los mundos, guardiana de los muertos, protectora de las vírgenes y guardiana de los secretos. Es una figura de poder profundo y misterioso, con la capacidad de ver más allá del velo de los vivos. Su conexión con los espíritus le confiere una sabiduría sin medida, y su clarividencia es incomparable. Ve lo que otros no ven y se mueve entre la vida y la muerte con la gracia de quien ha conocido ambas íntimamente.

Yewa suele representarse como una mujer hermosa y esbelta vestida de rosa, color que simboliza tanto la inocencia como la muerte. A veces se la representa como un búho, volando silenciosamente por la noche, con sus ojos vigilantes velando a los muertos. Su comportamiento es tranquilo y sabio, pero no hay duda de la profundidad de su poder. **Caminante**, si alguna vez te encuentras faltando al respeto a sus dominios -burlándote de los muertos, profanando tumbas-, sentirás toda la fuerza de su ira. Ella es la guardiana de los límites, y a aquellos que los crucen sin reverencia se les recordará su lugar.

A pesar de su sombrío papel, Yewa no es una diosa del miedo. Es una figura materna, protectora de los inocentes, los puros y los castos. Su fuerza reside en su serena determinación y su compromiso de preservar la santidad de la vida y la muerte. Es ella quien se encarga de que los muertos permanezcan en paz, bailando sobre sus tumbas para calmar sus almas inquietas.

Si se siente llamado por Yewa, es posible que sienta una atracción hacia la soledad y la introspección. Puede que se sienta atraído por los lugares tranquilos del mundo: cementerios, aguas tranquilas o incluso el silencio de su propia mente. La presencia de Yewa suele ser sutil, como el leve susurro de las hojas al viento o el suave ulular de un búho en la distancia. Acude a quienes buscan comprender los misterios de la vida y la muerte, a quienes desean proteger el carácter sagrado de ambas.

Para honrar a Yewa, **caminante**, acércate a ella con reverencia y respeto. Nunca hables a la ligera de la muerte ni hagas chistes groseros en su presencia. Ofrécele **flores, pescado o carne de gallina blanca**, pero, sobre todo, ofrécele tu sinceridad. Yewa no tolera el engaño, ni se toma a la ligera la responsabilidad de su papel. Te guiará si eres sincero en tus intenciones, pero no tolerará la falta de respeto.

La historia de Yewa es una historia de transformación. De virgen ingenua e inocente, se convirtió en guardiana de los muertos, protectora de los límites sagrados y figura de inmenso poder. Nos enseña que incluso en los lugares más oscuros hay propósito y fuerza. Nos enseña que la soledad puede conducir a la sabiduría, que la angustia puede forjar la resistencia y que la muerte, como la vida, debe honrarse con respeto y cuidado.

Caminante, si Yewa te llama, escucha su voz. Puede que te guíe a través de tus propias transformaciones, ayudándote a navegar por los cambios y las pérdidas que trae consigo la vida. Puede que te ofrezca el don de la claridad, ayudándote a ver más allá de la superficie de las cosas, hacia las verdades más profundas que yacen debajo. Y a su manera silenciosa y vigilante, te recordará que incluso en los momentos más silenciosos hay poder.

Yewa se encuentra en el umbral de la vida y la muerte, vigilando, esperando y protegiendo. Es la fuerza invisible que garantiza el equilibrio entre los reinos y, si eres lo bastante valiente para caminar con ella, puede que te muestre el camino hacia tu propia fuerza interior.

DÍOSAS ÍRLANDESAS Y CELTAS

Caminante, a medida que te adentres en las brumas de los mitos antiguos, te encontrarás con historias tejidas con el tejido mismo del misterio. Las historias que han resonado a través del tiempo, susurradas junto al fuego y transportadas por el aliento del viento, llegan ahora hasta ti. **La mitología celta** y la **irlandesa** no son lo mismo, aunque comparten raíces profundas en la tierra. Como ramas de un mismo árbol milenario, han crecido en direcciones diferentes, pero cada una de ellas transmite el poder de un mundo milenario en el que dioses, diosas y seres de otro mundo caminaban entre los mortales. La mitología irlandesa es, de hecho, una rica rama de las **creencias celtas**, preservada durante siglos por las cuidadosas manos de los monjes cristianos. Estos monjes, a la vez que trataban de registrar la historia, también captaban la esencia de las antiguas costumbres, asegurándose de que los cuentos de dioses y diosas, de magia y misterio, no se perdieran en el tiempo. Aunque la rama irlandesa sea la mejor conservada, su núcleo está profundamente entrelazado con la mitología celta más amplia, que alberga historias de **escoceses** y **británicos**, relatos de héroes, dioses y las poderosas fuerzas de la naturaleza que guiaron las vidas de quienes caminaban por la tierra.

En el mundo de estas mitologías, los dioses y diosas no se limitaban a papeles simples y singulares. Sus dominios se extendían por todos los reinos y afectaban a todos los aspectos de la vida: del amor a la fertilidad, de la tierra a la muerte. No estaban solos, pues el poder de lo divino era a menudo compartido, creando una red de influencia que hacía difícil distinguir los límites exactos de su dominio. Los dioses eran vastos y complejos, como las fuerzas de la naturaleza que dominaban.

Y así, al adentrarte en este capítulo, **caminante**, estás entrando en un lugar donde el velo entre los mundos es delgado. El aire zumba con la presencia de dioses y diosas, figuras oscuras y poderosas cuyos nombres inspiraban reverencia y temor en los corazones de los antiguos celtas e irlandeses. La propia tierra parece viva con su memoria, las colinas y los ríos susurran sus historias.

En el **panteón celta e irlandés** no falta el misterio. Estas deidades, muchas de ellas vinculadas a la tierra, a las fuerzas de la naturaleza y al otro mundo, ejercían una influencia imposible de ignorar. Eran protectores, pero también feroces. Podían traer bendiciones, pero también maldiciones. La línea entre la vida y la muerte, entre la protección y la destrucción, era delgada, y estas deidades se situaban en ese umbral.

Está **Morrigan**, la diosa que encarna la guerra, el destino y la muerte. No es una diosa, sino muchas. Morrigan es una diosa que cambia de forma, una fuerza transformadora. A menudo se la representa como un cuervo que sobrevuela los campos de batalla, observando cómo se sellan los destinos de los hombres. Es una diosa de la profecía, que predice el fin de los imperios y la muerte de los reyes. Invocarla es invocar la esencia misma de la muerte, caminar por la delgada línea que separa la vida del más allá.

Y está **Brigid**, diosa del fuego y la fertilidad, que tiene en sus manos tanto el calor de la vida como la fuerza destructiva de las llamas. Es la protectora de los herreros y los poetas, de los que trabajan tanto con lo tangible como con lo intangible. Es la sanadora y la destructora, porque su fuego puede calentar y también quemar.

Los **Tuatha Dé Danann**, la antigua raza de dioses que una vez gobernó Irlanda, están siempre presentes en estas historias. Son divinos y están profundamente ligados a la tierra. Habitan en el **Otro Mundo,** un lugar de eterna juventud y belleza, pero también pueden caminar entre los mortales. Sus poderes son inmensos y su influencia se extiende por los campos, bosques y ríos de Irlanda. No siempre son amables, pero siempre son justos, y su presencia se siente en cada rincón de la tierra. **Caminante**, al leer estos cuentos, déjate arrastrar por las sombras del mundo antiguo. Siente el pulso de la tierra bajo tus pies, el murmullo del viento en tu oído, y sabe que estas historias no son simples mitos: son el aliento mismo del pasado, vivo y a la espera de aquellos lo bastante valientes como para escucharlas. En este lugar, donde dioses y diosas caminan con los mortales, descubrirás que el mundo nunca es lo que parece.

Cada sombra guarda un secreto, cada recodo del camino una nueva revelación. Las Diosas Oscuras de la mitología **celta** e **irlandesa** no sólo velan por los muertos, sino que también guían a los vivos, ayudándoles a enfrentarse a su propia oscuridad interior y a encontrar la fuerza en los lugares más inesperados.

Y así, **caminante**, a medida que avanzas en este capítulo, deja que las historias de estas antiguas deidades te inspiren. Siente el poder de sus historias, el peso de su presencia, y permítete recorrer el camino entre los mundos, donde aguardan las Diosas Oscuras.

Estas son las diosas que dominan la vida y la muerte, que nos recuerdan que hay poder tanto en la luz como en la sombra, y que para conocernos de verdad, debemos enfrentarnos a la oscuridad interior.

Este es el mundo de **los mitos celtas** e **irlandeses**, donde los límites entre dios y mortal, entre la vida y la muerte, son difusos. Es un mundo rico en magia, un mundo donde cada historia es una lección, cada mito un espejo para el alma.

Adéntrate en las sombras, **caminante**, y encuentra la sabiduría que allí aguarda.

Morrigan

Caminante, te encuentras al borde de un mundo donde las sombras bailan con la luz, donde las leyendas se entretejen en la niebla y donde **Morrigan**, la Reina Fantasma, espera a aquellos lo bastante valientes como para adentrarse en su reino. No es simplemente una diosa, es una fuerza de la naturaleza, indomable y feroz, con un poder que aterroriza y fascina a la vez.

En la historia celta, no hay figura tan prominente ni tan enigmática como la **Morrigan**. Es una guerrera formidable, temida y venerada a partes iguales. Es una diosa de la guerra, la muerte y el destino, una metamorfa que se mueve por el mundo bajo muchas formas. A veces es un cuervo, con sus oscuras alas batiendo contra el cielo mientras vigila los campos de batalla, presagiando la muerte. Otras veces, se presenta como un lobo, una anguila o incluso una hermosa mujer: su belleza es seductora y sus intenciones, mortales.

Pero su forma más común es la de cuervo, una criatura asociada desde hace mucho tiempo con la muerte y lo desconocido. El cuervo, con su pico afilado y sus ojos oscuros, es un símbolo de brujería y magia, temido y venerado a la vez. Cuando la **Morrigan** adopta esta forma, trae consigo el conocimiento de lo que está por venir, de las batallas perdidas y las vidas acabadas. Su presencia en el campo de batalla es una profecía en sí misma.

El nombre de **la Morrigan** conlleva su propio poder, tan ambiguo y cambiante como la propia diosa. Algunos dicen que "Mor" procede de la antigua palabra irlandesa que significa fantasma, mientras que otros lo relacionan con la palabra anglosajona "maere", que significa pesadilla. Ya sea la **Reina Fantasma** o simplemente la **Gran Reina**, su solo nombre basta para provocar un escalofrío. Sin embargo, **caminante**, es más que una diosa de la guerra: es un símbolo de transformación, de los ciclos de la vida y la muerte, de la destrucción y el renacimiento.

En las historias transmitidas de generación en generación, a veces se representa a **la Morrigan** como una diosa única, pero a menudo forma parte de una **diosa** triple, que encarna el poder de tres: ella misma, **Macha** y **Badb** (o **Neman**). Juntas forman una tríada de diosas de la guerra, cada una de las cuales representa un aspecto diferente de la batalla, la vida y la soberanía. Invocar a la **Morrigan** es invocar no sólo a una diosa poderosa, sino a la fuerza colectiva de las tres.

Su relación con la guerra es innegable, pero también está profundamente ligada a la fertilidad y a la tierra. Es a la vez la **diosa de la muerte** y la **guardiana de la vida**, que garantiza que el ciclo de nacimiento y muerte continúe ininterrumpidamente. Así como puede traer la muerte, también puede traer la vida y la abundancia, pero sólo después de que se haya producido la destrucción necesaria. Es, en muchos sentidos, una diosa del equilibrio, que vela por que el mundo se mantenga en armonía, aunque eso signifique provocar el caos.

Su poder no se limita al mito, sino que ha inspirado temor y veneración durante siglos. **Caminante**, si escuchas con atención, puede que aún oigas el batir de las alas de la **Morrigan** en la distancia, o que vislumbres su sombra mientras se mueve en el crepúsculo. Ella es la encarnación misma de la transformación, y en ella puedes encontrar el valor para enfrentarte a tus propias batallas interiores.

Una de las historias más famosas de **Morrigan** es la de su encuentro con el héroe **Cu Chulainn**, un guerrero cuyo destino estaba inextricablemente ligado al de la diosa. Su encuentro fue tanto una batalla de voluntades como un choque de fuerza física. **Cu Chulainn**, en su arrogancia, no reconoció **a Morrigan** cuando la vio por primera vez. No se le apareció como una diosa, sino como un cuervo, y la insultó, inconsciente del poder que acababa de despreciar.

En represalia, la **Morrigan** le advirtió de su inminente muerte en batalla, y fiel a su palabra, se le apareció de nuevo antes de su combate final. Disfrazada de mujer hermosa, le ofreció su amor y protección, pero **Cu Chulainn** se negó, sin saber que estaba rechazando a la diosa en persona. En su furia, se transformó en anguila, lobo y vaca, cada vez con la intención de acabar con él. Pero **Cu Chulainn** era fuerte y se defendió, hiriéndola en cada una de sus formas.

Sin embargo, la diosa no se dejó vencer fácilmente. Reapareció ante él más tarde, esta vez como una anciana, y con sus artimañas, **Cu Chulainn** curó sus heridas sin saberlo.

En su último encuentro, justo antes de su muerte, la **Morrigan** se le apareció como un cuervo, posándose en su hombro mientras él se mantenía firme en la batalla, atado a una roca, decidido a morir de pie. En ese momento, ella lo reclamó, tal y como había predicho.

La Morrigan no es una diosa con la que se pueda jugar. No perdona fácilmente, ni olvida. Es tan implacable como las mareas y tan feroz como la tormenta, pero también es una protectora, una guía para aquellos que caminan por la senda del guerrero.

Su presencia en la batalla es a la vez una bendición y una maldición, pues si bien puede predecir la muerte, también aporta fuerza a quienes están dispuestos a luchar.

Caminante, a medida que avanzas en tus propias batallas en la vida, recuerda que la **Morrigan** siempre está cerca. Es la diosa de la transformación, de los finales y los comienzos, y en ella puedes encontrar la fuerza para enfrentarte a cualquier desafío que tengas por delante. Ella enseña que de la destrucción nace el renacimiento, y de la muerte, una nueva vida. Invocarla es abrazar tu propio poder, mantenerte firme ante la adversidad y saber que, incluso en los momentos más oscuros, siempre existe la posibilidad de renovarse.

Este es el poder de **Morrigan**, la Reina Fantasma. No es sólo una figura mítica, es la encarnación de las fuerzas salvajes e indómitas que nos impulsan a todos.

Es la diosa que se encuentra en el umbral entre la vida y la muerte, entre la luz y la oscuridad, y te invita a caminar con ella, a enfrentarte a tus propias sombras y a salir fortalecido del otro lado.

Macha

Caminante, déjame hablarte de **Macha**, una diosa cuyo nombre resuena en los campos de Irlanda como un inquietante susurro en el viento. Es un ser de poder feroz, una fuerza a tener en cuenta, pero profundamente arraigada en la tierra que protegía. Su espíritu es salvaje, indómito y está profundamente conectado a la tierra y a los ciclos inevitables de la vida y la muerte. Al igual que su hermana, la **Morrigan**, las historias de Macha son muchas y sus formas cambian al contarlas. Pero sea cual sea la historia que sigas, una verdad permanece: Macha es una diosa que no debe ser olvidada.

En algunos mitos, se dice que Macha forma parte de la tríada **de las Morrigan**, pero también está sola como miembro formidable de los **Tuatha Dé Danann**, una poderosa raza de dioses y diosas que antaño gobernaron Irlanda. **Es la diosa del parentesco, el fuego, la fertilidad, la tierra, los caballos y la guerra**. Su magia era legendaria, al igual que su insaciable sed de venganza. Algunos dicen que vivía en la antigua fortaleza de **Emain Macha**, un lugar que aún lleva su nombre. Es una tierra que palpita con su memoria, donde cada brizna de hierba lleva susurros de su poder.

Macha no era sólo una diosa de la guerra, sino también de la fertilidad, una dualidad que habla de su complejidad. Podía dar vida a la tierra, hacerla fértil y plena, pero también era un presagio de muerte, una aparición que podía predecir el fin. Al mismo tiempo que nutría, destruía, encarnando el inevitable equilibrio entre creación y destrucción. Su poder era inmenso, su influencia innegable.

A menudo se la asociaba con cuervos, caballos y la propia tierra. Estos símbolos de Macha nos recuerdan su íntima conexión con la tierra y los seres salvajes que la habitan. Su nombre, que significa "campo" o "llanura", sugiere que está entretejida con el paisaje irlandés, que forma parte de la tierra como las raíces de un roble centenario. **Caminante**, puedes sentir su presencia en los momentos tranquilos que preceden a una tormenta, en la quietud de los campos cuando el viento susurra entre la hierba, llevando consigo tanto la vida como la muerte.

Los cuentos de **Macha** son muchos, pero destacan cinco, cada uno de los cuales revela una faceta distinta de esta compleja diosa.

En una historia, se la conoce como **la Hija de Partolón**, una figura del **Leabhar Gabhala**, el Libro de las Invasiones, que relata cómo llegaron a Irlanda distintos grupos de colonos. Algunos creen que **los patholonios** eran descendientes de Noé, aunque fueron exterminados por la peste. La mención de Macha en este relato es breve, pero incluso aquí su presencia es inconfundible: es la diosa de la tierra, ligada a sus ciclos de vida y muerte.

En otro relato, Macha forma parte de los **Tuatha Dé Danann** y participa junto a sus diosas hermanas en la gran batalla de Moytura. Aquí es la diosa de la guerra, que conjura la lluvia, la niebla, la sangre y el fuego para derrotar a sus enemigos. En esta versión de la historia, Macha cae en la batalla, asesinada por el malévolo **Balor del Ojo Tortuoso**. Pero incluso muerta, su legado perdura.

También está la historia de **Macha, la esposa de Nemed**, que llegó con la tercera oleada de colonos a Irlanda. Esta Macha, diosa de la fertilidad y la tierra, murió mientras limpiaba los campos para la siembra, y su cuerpo se fundió con la tierra que amaba. Se dice que su tumba se encuentra en **Ard Mhacha**, el lugar conocido hoy como **Armagh**, lo que refuerza aún más su conexión con la tierra.

Luego está el cuento de **Macha, la Esposa de Cruinniuc**, quizá su historia más conocida, que se encuentra en el **Ciclo del Ulster**. En esta versión, Macha es una mujer hada, casada con un rico granjero. Le dio gemelos y le advirtió que nunca hablara de ella a nadie. Sin embargo, durante un festival, Cruinniuc, en un momento de orgullo, alardeó de que su esposa podía correr más rápido que los caballos del rey. Furioso, el rey exigió que llevaran a Macha a la carrera, a pesar de que estaba de parto. Macha ganó la carrera, pero se desplomó en agonía y dio a luz en la línea de meta. En su dolor y furia, maldijo a los hombres del Ulster, condenándolos a sufrir los dolores del parto durante nueve días en su mayor necesidad. Fue una maldición que duraría nueve generaciones, resonando a través de los tiempos.

Por último, está el cuento de **Macha la Pelirroja**. En esta historia, Macha es la hija **del rey Aodh Ruadh**. Tras la muerte de su padre, reclamó su derecho a gobernar en su lugar, desafiando a los otros dos reyes que pretendían negarle la soberanía por ser mujer. Macha no fue derrotada fácilmente y, tras matar a uno de sus rivales, reinó durante siete años. Siguió demostrando su fuerza, incluso capturando a sus enemigos mediante la seducción y la astucia. Les obligó a construir el fuerte de **Emain Macha**, símbolo de su poder inquebrantable. Macha gobernó sola durante catorce años más tras la muerte de su marido, hasta que ella misma fue asesinada por **Rechtaid Rigderg**.

Cada una de estas historias revela las múltiples caras de Macha: la diosa de la fertilidad, la diosa de la guerra, la diosa de la venganza. Es protectora, destructora, madre y guerrera. Está profundamente ligada a la tierra de Irlanda, y su poder se siente en todos sus rincones. Invocar **a Macha** es invocar la fuerza de la propia tierra, pedir su protección y su ferocidad, abrazar los ciclos de la vida y la muerte.

Caminante, mientras recorres el sendero de tu propia vida, recuerda que Macha siempre está cerca.

Su espíritu está en el viento que agita los campos, en el grito del cuervo que surca el cielo. Nos recuerda que formamos parte de algo más grande que nosotros mismos, que estamos unidos a la tierra, a los demás y al ciclo interminable de creación y destrucción.

Badb

Caminante, permíteme guiarte por el sombrío mundo de **Badb**, una diosa cuya presencia era a la vez temida y venerada por los antiguos celtas. Es una figura oscura, envuelta en misterio, que camina entre la vida y la muerte con el poder de transformar las mareas de la batalla y el destino. Como una de las diosas que se cree que completan la tríada de las **Morrigan**, Badb es vista a menudo como la manifestación de la guerra misma, guiando las almas de los caídos y agitando los vientos del caos. Su nombre, impregnado de antiguo poder, conlleva el peso de la transformación y la inevitabilidad de la muerte.

La llamaban el **Cuervo de Batalla**, un nombre que sembraba el miedo en el campo de batalla. Dondequiera que volaran sus alas **negras, la muerte estaba asegurada**. Sus agudos ojos buscaban los espíritus de los muertos, y era ella quien los reunía, conduciéndolos a la otra vida, donde comenzaba la siguiente etapa de su viaje. No había forma de escapar de ella, pues podía ver en las profundidades de cada alma y saber cuándo había llegado el momento de dejar este mundo. Enfrentarse a **Badb** era estar al borde de la vida y de la muerte.

Su presencia no era sutil. Badb no aparecía como una gentil guía, sino como una **mujer petrificante**, envuelta en el miedo y el caos. No se limitaba a observar el desarrollo de las batallas, sino que **tejía el tejido mismo de la guerra**, creando confusión y terror a cada paso. Ella era la **guerra, la transformación y la muerte**, y encarnaba el temor que sentían los mortales cuando se enfrentaban a fuerzas que escapaban a su control.

En su forma más aterradora, **Badb** aparecía como una anciana, con el pelo blanco y la ropa de color rojo sangre, un claro símbolo de la muerte en el folclore celta. Su cuerpo se retorcía en posturas antinaturales, con un pie levantado y un ojo cerrado, representando el delgado velo entre la vida y el más allá. Como sacada de las profundidades del más allá, no se podía jugar con ella. Y, sin embargo, había sabiduría en su antigua forma, pues portaba el poder de la **transformación**, ofreciendo algo más allá de la muerte.

El **cuervo** y el **lobo** eran sus símbolos elegidos, criaturas de oscuridad y transformación. Cuando Badb sobrevolaba el campo de batalla en forma de cuervo, su aparición presagiaba la muerte. Se abalanzaba sobre los soldados y sus alas negras proyectaban sombras sobre el suelo mientras sus feroces gritos anunciaban el fin de la vida. Su lobo, siempre a su lado, simbolizaba el hambre de la batalla y la naturaleza cíclica de la existencia: la vida devorando a la vida en la interminable danza de la supervivencia.

Pero **Badb** no era sólo una diosa de la muerte. Su historia encierra un poder más profundo, ligado al **renacimiento** y **la transformación**. Existe un antiguo relato sobre el **Caldero del Renacimiento**, un recipiente mágico que ella agitaba en el otro mundo. Cuando un guerrero moría en combate, su alma era atraída hacia ella y la encontraba junto al caldero. En ese momento, su forma podía cambiar: dejaba de ser la aterradora figura de la muerte para convertirse en una mujer anciana y amable, sabia sin medida. Le haría al guerrero caído una pregunta que sólo los muertos podrían responder: **"¿Te quedarás o volverás?"**

Los que decidían renacer debían introducirse en el caldero. Mientras Badb agitaba el agua, miraba en sus profundidades para adivinar su futuro. ¿Qué forma adoptarían? ¿Regresarían como humanos o tal vez como animales, libres y salvajes? Su caldero era la puerta a la **transformación**, un recordatorio de que de la muerte surge una nueva vida.

Su poder no se limitaba al campo de batalla. **En la batalla de Magh Tuired**, Badb mostró su poder en todo su esplendor. Apareció junto a sus hermanas, Morrigan y Macha, como un **cuervo del terror**, llenando de espanto los corazones de sus enemigos. Juntas, sus feroces voces resonaban en el campo de batalla, profetizando la **perdición y la derrota**. Sus gritos eran el sonido de la **destrucción inevitable**, y ningún guerrero que escuchara sus gritos podía escapar a la verdad de su destino. Los ejércitos enemigos retrocedían hacia el mar, incapaces de soportar el peso de su presencia.

Sin embargo, una vez ganada la batalla, **Badb** no desapareció. Su voz ya no era de guerra, sino de **advertencia**. Se convirtió en la **banshee**, la mujer quejumbrosa cuyo grito resonaba en la noche, señalando la muerte de un miembro de la familia. Su papel, aunque sombrío, era de **protección, pues** oír su grito era saber que se acercaba la hora de la muerte, y no había nada más sagrado que estar preparado para ese momento.

Caminante, si te sientes atraído por Badb, debes saber que no llama a los débiles de corazón. Es una diosa de **la guerra, la transformación y la profecía**, y sus lecciones no se aprenden fácilmente. Pero si caminas con ella, te mostrará el poder que reside en abrazar tanto la luz como la oscuridad. Te enseñará que la muerte no es el final, sino una parte del ciclo eterno, una puerta a algo más. Puede que la oigas en el grito de un cuervo o que sientas su presencia en los vientos cambiantes de una tormenta. Cuando lo hagas, recuerda que ella es a la vez el final y el principio, la que nos guía a través de los lugares más oscuros hacia la luz.

Cailleach

Cailleach te espera, su presencia se hace sentir en los susurrantes vientos del invierno, en el frío cortante que te cala hasta los huesos. No es una diosa de la guerra, como Morrigan, pero su poder no es menos temible. Como portadora del invierno, es la fuerza que anuncia la muerte del año, la quietud que precede al renacimiento. Su nombre, **Cailleach**, significa "la velada", un título apropiado para una diosa cuyos misterios están envueltos en la bruma del tiempo, su rostro oculto bajo el manto del frío invernal.

Su leyenda se extiende más allá de las fronteras de Irlanda, hasta los agrestes paisajes de **Escocia** y la **Isla de Man**. Allí también se la conoce como la **diosa del frío y del viento**, y su poder se siente en cada ráfaga feroz y en cada helada cortante. Los que hablan de ella cuentan historias de una **vieja bruja con velo**, la piel pálida y azul como el cielo invernal, los dientes manchados de rojo como si hubiera mordido el corazón mismo de la vida. Lleva las marcas de la muerte: sus ropas están adornadas con calaveras, y su presencia es un recordatorio de que todas las cosas deben marchitarse en su frío abrazo.

Pero la **Cailleach** es algo más que la precursora del invierno. Es **una creadora**, una fuerza que da forma a la propia tierra. En sus manos empuña **un martillo** que controla los truenos y las tormentas, como el dios nórdico Thor. Algunos dicen que puede saltar montañas, mientras que otros creen que puede cabalgar los vientos de una tormenta con la misma facilidad con la que un mortal camina sobre la tierra. Sus poderes de metamorfosis le permitían adoptar la forma de un **pájaro** gigante, un oscuro presagio en el cielo, señal de la llegada del invierno.

Pero **Cailleach** tiene otra cara. No es sólo portadora de muerte y destrucción. En su mitología, está profundamente ligada al **ciclo de la vida, la fertilidad, la muerte y el renacimiento**. Al fin y al cabo, es la que trae el invierno, pero también la que lo expulsa. Cuando el invierno se desvanece, ella también lo hace, permitiendo que la tierra cobre vida de nuevo. Hay una extraña belleza en todo esto: **Carleach** marchita y renueva el mundo. Mantiene el equilibrio entre la vida y la muerte, asegurándose de que ninguna domine a la otra.

En la narración de sus historias, es difícil decir si es buena o mala. Algunos la ven como una fuerza fría e indiferente, mientras que otros la ven como una parte necesaria del orden natural. Es a la vez temida y respetada. Su amor por los animales, sobre todo por **los lobos**, revela una ternura a flor de piel, aunque es un amor salvaje e indomable, como el propio viento.

Un cuento habla de un fraile errante que se encontró con la **Cailleach** en su casa, curioso por su edad. Ella le dijo que no sabía cuánto tiempo llevaba viva, pero que cada año sacrificaba un buey y utilizaba sus huesos para hacer sopa. Si el fraile realmente quería saber su edad, le invitó a contar los huesos de su desván. El fraile envió a su escriba al desván, y a medida que los huesos eran arrojados hacia abajo, empezaron a amontonarse. El fraile no tardó en darse cuenta de que se le había acabado el papel, pero los huesos seguían llegando. El escriba ni siquiera había despejado una esquina del desván. En ese momento, el fraile comprendió: **Cailleach** era más antiguo que el tiempo mismo, una fuerza ancestral que había existido mucho antes de que el hombre pudiera recordar.

Su influencia sobre las estaciones es profunda. En algunos relatos, rige el invierno, mientras que su homóloga, **Brígida**, reina sobre la primavera. Ambas son vistas como fuerzas opuestas que dominan la mitad del año. Pero en otros relatos, no son dos diosas distintas. **Cailleach y Brigid** son la misma, dos caras de la misma moneda. Al caer el invierno, **Cailleach** bebe **del pozo de la juventud** y se transforma en la vibrante y joven **Brigid**. Esta transformación es el cambio de las estaciones, el paso de la fría quietud del invierno a la floreciente vida de la primavera.

En otra versión del mito, **Cailleach** no se transforma, sino que se convierte en **piedra** al final del invierno y esconde su bastón bajo un arbusto de acebo o un caballo, a la espera de que vuelvan los meses fríos. En estos relatos, está vinculada a **la muerte, no** sólo a la muerte del año, sino a la muerte de las almas. Durante el **solsticio de** invierno, cabalga por los cielos con la **Cacería Salvaje**, recogiendo las almas de los muertos, asegurándose de que no permanezcan en el mundo de los vivos.

Estar en presencia de **Cailleach** es enfrentarse a la inevitabilidad de la muerte y el cambio. Sin embargo, no hay crueldad en sus actos. Ella es la fuerza que mueve la rueda de las estaciones, la mano invisible que pone fin a todo para que pueda surgir un nuevo comienzo. **Caminante**, si te sientes atraído por ella, debes saber que te llama a abrazar los **ciclos de la vida**, a comprender que el invierno no es sólo un final, sino la preparación para el renacimiento.

Puedes sentir su presencia en el viento, en la quietud de un paisaje helado o en el aullido salvaje de un lobo en la distancia. Es un recordatorio de que la transformación no siempre es suave: puede ser feroz, fría e indómita, pero siempre es necesaria.

DIOSA NÓRDICA

Caminante, ¿puedes oír el eco de voces antiguas, aquellos cuyos susurros llaman desde la noche de los tiempos, convocándote a los **salones del Valhalla**? Los dioses nórdicos, feroces y salvajes, han tejido sus historias en el tejido de la tierra, el mar y el cielo. Y en sus relatos no sólo reside el poderoso trueno de Thor o la sabiduría de Odín, sino también el poder y el misterio de las diosas oscuras que danzan entre las sombras de sus mitos. Son las guardianas de la suerte, las tejedoras del destino y las guardianas de la muerte, fuerzas a las que no hay que temer, sino comprender, abrazar y venerar.

Sin embargo, el encanto de la mitología nórdica va más allá del campo de batalla. En las historias de estos dioses y diosas, no existe una división clara entre la luz y la oscuridad. **El bien** y el **mal** están entrelazados, al igual que las raíces de Yggdrasil -el árbol del mundo- se adentran en los reinos desconocidos. **Las deidades nórdicas** reflejan la complejidad de la vida misma: cruda, indómita y llena de contradicciones. Son a la vez creadores y destructores, protectores y heraldos de la perdición.

Entre las sombras de Asgard, son las **diosas oscuras** las que ejercen el poder más enigmático. Conocerlas es enfrentarse a los misterios de la vida y la muerte, situarse en el precipicio de comprender lo que hay más allá del velo.

Hela, la reina del inframundo, se encuentra entre estas poderosas figuras. Ella gobierna **Helheim**, el reino de los muertos, donde son enviados aquellos que no mueren en batalla. Su solo nombre produce escalofríos, pues es ella quien preside a los olvidados del Valhalla. La mitad de su cuerpo es carne viva, mientras que la otra mitad es fría y sin vida, un recordatorio visual del equilibrio entre la vida y la muerte. No hay que temerla por su aspecto, pues ella, como la propia muerte, es simplemente una parte necesaria de la existencia. Su función es guiar a los muertos, retenerlos y gobernar el inframundo con mano firme. Pero invocarla es invitar a la cruda verdad de la mortalidad. Si ella te llama, **caminante**, es porque ve el valor en tu corazón para enfrentarte a tu propio fin y emerger con una sabiduría más profunda.

En los pliegues del mito nórdico también están las **Nornas**, las antiguas tejedoras del destino. Estas tres hermanas -**Urðr**, **Verdandi** y **Skuld- están sentadas** bajo las ramas de Yggdrasil, hilando y cortando los hilos de cada vida. Su poder trasciende incluso al de los dioses, pues ni siquiera Odín puede escapar a su destino. Conocerlos es vislumbrar el tejido del cosmos, donde cada acción, cada elección, da forma a la red del destino. Son oscuros y misteriosos, no porque sean crueles, sino porque operan en el espacio más allá de la comprensión humana. Su reino es el tiempo mismo, siempre cambiante, siempre presente. Si te llaman, **caminante**, es para recordarte que tu camino es tuyo, pero que también está entretejido en el gran tapiz de la existencia.

Pero no todo es muerte y destino. **Freyja**, la diosa del amor, la belleza y la guerra, se encuentra en el umbral de la luz y la oscuridad. Surca el cielo en un carro tirado por gatos, símbolo de lo sensual y lo salvaje. Freyja conduce a la mitad de los caídos en combate a su salón, **Fólkvangr**, mientras que la otra mitad va al Valhalla. Es una diosa de contradicciones, que encarna tanto los aspectos nutritivos del amor como el poder feroz y destructivo de la guerra. En sus ojos hay tanto ternura como furia indomable. Cuando Freyja susurra tu nombre, te llama a abrazar todo tu ser, tanto las partes que aman como las que enfurecen.

Caminante, en este viaje a través del **panteón nórdico**, descubrirás que la línea entre la luz y la oscuridad es difusa. Las diosas de Asgard no son ni puramente buenas ni totalmente malvadas. Encarnan la complejidad de la propia existencia. Los duros vientos **del invierno nórdico** pueden morder tu carne, pero es en este frío donde se encuentra la verdadera fuerza. **Hela**, **las Norns** y **Freyja** guardan cada una una parte de la verdad, una verdad que habla de los ciclos de la vida, la muerte y el renacimiento. Y es a través de sus historias donde puedes encontrar el **poder** para desvelar los secretos de tu propio espíritu.

Aquí, en el corazón de estos antiguos mitos, donde los lobos aúllan en la noche y los cuervos sobrevuelan el campo de batalla, yace una comprensión más profunda. Estas diosas son más que leyendas: son fuerzas que habitan en tu interior. Te invitan a enfrentarte a tus miedos, a abrazar tus deseos y a confiar en el camino que serpentea ante ti.

Al explorar sus historias, **caminante**, recuerda que no son sólo historias del pasado. Son ecos de la eterna lucha dentro de cada uno de nosotros, entre el valor y el miedo, el amor y la destrucción, la vida y la muerte.

Hel

Caminante, te encuentras al borde de dos mundos, atrapado entre el reino de los vivos y el misterioso dominio donde las almas ya no están atadas por el tiempo. Allí, presidiendo este oscuro umbral, se alza una figura a la vez temida y venerada: **Hel**, diosa del inframundo, cuyo nombre se ha convertido en sinónimo de la propia muerte. Conocerla es comprender la delgada línea que separa la vida de lo inevitable, la existencia de lo desconocido.

Hel, o **Hela**, lleva un nombre que es también el de su dominio, un reino sombrío donde moran los muertos. Hija de **Loki**, el dios embaucador, y de la **giganta Angrboda**, Hel nació en un mundo de caos y conflicto. Sus hermanos, **Fenrir**, el lobo que un día devoraría a Odín, y **Jormungandr**, la serpiente del mundo que rodea Midgard, se hacen eco de la naturaleza destructiva de su linaje. Sin embargo, es **Hel** quien asume el solemne deber de cuidar las almas de los difuntos, lo que hace que su papel sea a la vez sombrío y sagrado.

En su forma, Hel encarna la dualidad: la mitad de ella es como un gigante, **azul y sin vida**, mientras que la otra mitad es como una mujer mortal, **de color carne y viva**. Este contraste simboliza su dominio sobre dos reinos: el de los vivos y el de los muertos. Su presencia recuerda que la muerte no está separada de la vida, sino que forma parte de su ciclo natural. Algunos dicen que es fría y cruel, una soberana de las sombras, mientras que otros susurran que es hermosa a su manera fantasmal, con una larga cabellera y una gracia etérea.

Su reino, **Niflheim**, se encuentra bajo las raíces de Yggdrasil, el gran Árbol del Mundo. Este reino helado y cargado de niebla suele imaginarse como un lugar de fría y eterna quietud. Para aquellos que no murieron gloriosamente en la batalla -y, por tanto, no pudieron entrar en el Valhalla-, Hel ofrecía otro tipo de paz. Era un reino para los ancianos, los enfermos y aquellos cuyo fin no era la espada, sino el paso del tiempo. Sin embargo, no todos los que moran en el reino de Hel encuentran descanso. Los traidores y crueles son enviados a **Nastrond**, la Orilla de los Cadáveres, donde sus pecados son pagados con creces, su sangre drenada por el **dragón Nidhogg** como castigo.

Pero no creas que el reino de Hel es sólo un lugar de sufrimiento, **caminante**. El inframundo es un lugar de paradojas, donde Hel asegura el equilibrio entre los vivos y los muertos. Para algunos, su reino no es un castigo, sino un indulto. Los cansados, los frágiles y los olvidados se refugian en su abrazo, lejos del caos de Midgard.

Los orígenes del poder de Hel están ligados a la **profecía** de que su familia traería la ruina a los dioses de Asgard. Cuando Odín, el Todopadre, se enteró de esto, trató de controlar el destino que amenazaba a su reino. Arrojó a su hermano, **Jormungandr**, al mar, donde crecería lo suficiente como para rodear el mundo. Encadenó **a Fenrir**, temiendo que la fuerza del lobo los destruyera a todos. En cuanto a Hel, Odín la desterró a las profundidades de Niflheim, ofreciéndole el dominio sobre los muertos como forma de contener su poder. En este frío reino, se le dijo que reinaría sobre los nueve mundos, pero esto era un engaño de Odín, ya que su verdadero reino era sólo la tierra de los muertos.

Allí, en la oscuridad, Hel se convirtió en reina. Pero no se rebeló contra su destino, sino que lo aceptó, creciendo en su poder, dominando la vida y la muerte, y controlando el flujo de almas que pasaban por sus dominios. Cruzar su umbral es someterse a su dominio, pues sólo Hel decide quién entra y quién sale.

Caminante, los poderes de Hel son de gran alcance. No sólo domina a los muertos, sino también el **equilibrio entre la vida y la muerte**. Puede convocar a los espíritus de los caídos, y sólo ella tiene la capacidad de liberar un alma de la tierra de los muertos. De este modo, no es enemiga de la vida, sino su guardiana, asegurándose de que los límites entre los reinos permanezcan intactos.

Algunos dicen que, como su padre, Hel es una metamorfa. Puede parecer un águila, un zorro o incluso una ráfaga de viento. Su capacidad para adoptar diferentes formas nos recuerda que la propia muerte es una metamorfa, que se presenta ante cada persona con una apariencia única. Pero siempre está ahí, esperando, paciente, eterna.

En el mito, **la caminante** Hel se asocia a menudo con ciertos símbolos, cada uno de los cuales representa una faceta de su poder. El **huso** que sostiene representa el hilo de la vida y la muerte, hilado por el destino y cortado cuando ha llegado el momento. A su lado cuelga **una hoz**, la herramienta utilizada para segar la vida, reflejando su papel como portadora de la muerte. Y a las puertas de su reino, un **sabueso**, como el Cerbero griego, guarda el umbral entre los mundos. Por último, la **serpiente**, como su hermano Jormungandr, simboliza el ciclo interminable de muerte y renacimiento, la muda de piel y la renovación de la vida en otro reino.

A menudo se malinterpreta a Hel y se la ve a través del prisma del miedo por su relación con la muerte. Sin embargo, la muerte, en la mitología nórdica, no es mala. Es inevitable. Conocer a Hel es aceptar el ciclo de la vida, la muerte y la transformación. Es una **fuerza neutral**, indiferente a las luchas de los mortales, pero esencial para su existencia. Su frío abrazo puede parecer duro, pero también justo: no hay escapatoria a su dominio, como no hay escapatoria al último suspiro.

Si sientes la llamada de Hel, **caminante**, es porque te invita a enfrentarte a tus propios miedos a la mortalidad, a abrazar las partes de ti mismo que a menudo están ocultas, enterradas bajo la superficie. Su reino es oscuro, sí, pero dentro de esa oscuridad yace la verdad de que todas las cosas deben terminar para volver a empezar. La diosa del inframundo nos enseña a aceptar la **sombra** como parte del todo, a afrontar la inevitabilidad del cambio y a confiar en el viaje hacia el otro lado.

Hel, la **silenciosa guardiana** de los muertos, vigila a los que pasan a su reino, asegurándose de que sus historias no terminen en la desesperación, sino que continúen en la tranquila quietud de sus dominios. Ella es la guardiana del último secreto, la que sabe lo que hay más allá del velo. Y si eres lo bastante valiente para encontrarte con su mirada, **caminante**, puede que descubras que la muerte no es el final, sino un paso más en el camino hacia lo desconocido.

Skadi

Caminante, los fríos vientos de las montañas del norte te llaman, susurrándote historias de una figura feroz y poderosa cuyo espíritu vaga por las cumbres nevadas. **Skadi**, la giganta del invierno, la caza y las montañas, no es una diosa nacida en Asgard, pero impone tanto respeto como cualquier deidad. Su esencia no está envuelta en suavidad o calidez, sino en los duros y cortantes vientos de Jotunheim, el reino de los gigantes. Skadi es una fuerza de la naturaleza, no por su linaje, sino porque exigió ser escuchada, vista y respetada en el mundo de los dioses.

Procede de **Jotunheim**, donde los gigantes suelen ser temidos por su rudeza, crueldad y fuerza. Pero Skadi, a pesar de su imponente figura y su **piel azul**, era diferente. En una tierra en la que reinaban los fieros y temibles, ella destacaba no sólo por su belleza, sino por su **naturaleza inquebrantable**. Se decía que ninguna mujer, mortal o divina, podía igualar su destreza en el esquí o la caza, y ninguna podía resistirse a la dura belleza que llevaba consigo con la misma facilidad con la que portaba **su carcaj y su arco**.

Mientras que la mayoría de los **Jotunn** eran vistos como adversarios de los dioses, que traían la guerra y el caos, el corazón de Skadi no latía a ese ritmo. **Era firme**, como las montañas que tanto amaba. Sin embargo, no había que subestimar su fuerza. Era tranquila pero **inquebrantable**, feroz cuando la agraviaban, pero justa en sus tratos.

Su historia comienza en la venganza. Cuando el dios embaucador Loki mató a su padre, **Thiazi**, un gigante de Jotunheim, ella supo cuál era su deber. Sin dudarlo, se enfundó **la armadura**, se colgó el arco a la espalda y se dirigió a **Asgard**, la tierra de los dioses. No tembló ante su poder ni se acobardó ante su poder divino. Se mantuvo erguida, exigiendo justicia por el mal causado a su familia.

Pero los dioses, siempre cautelosos ante los conflictos, prefirieron la paz al derramamiento de sangre. Ofrecieron a Skadi un trato: matrimonio con uno de los suyos, una forma de unirla a su mundo. Ella aceptó, pero no sin condiciones. Los dioses debían **hacerla reír**, una tarea difícil para seres tan a menudo consumidos por el deber y la seriedad. Por mucho que lo intentaron, no consiguieron alegrar a la estoica giganta, hasta que **Loki**, siempre intrigante, ató una cuerda a la barba de una cabra y el otro extremo a sus partes íntimas. Los espasmódicos movimientos de la cabra y los agudos aullidos de Loki acabaron por arrancar una carcajada a Skadi y, con ello, el pacto quedó sellado.

El siguiente paso en su trato requería que ella eligiera marido, pero sólo podía elegir mirando los pies de los dioses. Skadi, con el corazón ya influido por la idea del **apuesto Balder**, buscó los pies más hermosos, segura de que le pertenecían. Pero cuando se levantó el velo, se encontró mirando fijamente a los ojos de **Njord**, el dios del mar, mucho más viejo y alejado de la belleza etérea de Balder.

Skadi y Njord eran tan diferentes como las tierras que gobernaban: uno ligado al mar, el otro a las montañas heladas. Intentaron que su matrimonio funcionara, dividiendo su tiempo entre el **salón costero** de Njord, donde el sonido de las olas le arrullaba hasta dormir, y **las cumbres nevadas** de Skadi, donde el viento aullaba entre las rocas y los lobos campaban a sus anchas. Pero nueve días en las montañas eran insoportables para Njord, y nueve días junto al mar hacían que Skadi añorara el frío abrazo del viento invernal. Con el tiempo, se separaron, pero no hubo amargura, sólo la comprensión de que no todas las uniones están destinadas a durar.

Aunque su matrimonio terminó, la historia de Skadi no. Su independencia, su ferocidad y su conexión con el mundo natural la convirtieron en una figura admirable. Gobernaba las montañas **como una reina solitaria**, una cazadora sobre esquís, con el arco siempre preparado y un corazón tan frío e implacable como la nieve que atravesaba. Algunos relatos sugieren que encontró una pareja mejor en **Ullr**, el dios del esquí y la caza, con el que compartía su amor por la naturaleza invernal. Otros afirman que tomó a **Odín** como amante y le dio hijos que heredaron su fuerza y determinación.

Sin embargo, Skadi no era simplemente una figura de belleza o venganza. Era una superviviente, una giganta que se había ganado su lugar entre los dioses, incluso después de la traición y muerte de su padre. Su lealtad a la memoria de su padre no le impidió encontrar su propio camino, ni la cegó ante las complejidades de la vida entre los dioses. Incluso estuvo con los dioses durante **el Ragnarok**, el crepúsculo de los dioses, cuando luchó junto a ellos contra las fuerzas del caos. No era sólo una criatura vengativa: era una protectora, una gobernante y, sobre todo, **una superviviente**.

El nombre de Skadi tiene un profundo significado. Algunos dicen que proviene de la palabra "**Skadi**", que significa daño o sombra, reflejando sus orígenes de giganta, donde la oscuridad y la destrucción se atribuían a menudo a su especie. Otros sostienen que su nombre podría haber inspirado el de **Escandinavia**, una tierra que encarna su belleza dura y fría. Que fuera una diosa o una giganta era irrelevante para quienes la veneraban, pues le rezaban pidiéndole clemencia en los duros inviernos y protección durante las cacerías en las montañas heladas.

Sus símbolos eran sencillos pero poderosos: el **arco y la flecha**, que representaban su incomparable habilidad como cazadora; sus **raquetas de nieve**, signo de su dominio de los paisajes salvajes y helados; y el **lobo**, su compañero constante, que representaba su vínculo con las criaturas salvajes de las montañas.

Al final, **caminante**, la historia de Skadi es una historia de resistencia e independencia. No se define por sus pérdidas -la muerte de su padre o su fracaso matrimonial-, sino por su capacidad para hacerse un lugar, exigir respeto y mantenerse firme ante la adversidad. Ella es la encarnación de la **naturaleza salvaje**, el viento frío que muerde pero también sostiene, el pico de la montaña que parece inalcanzable pero ofrece la vista más magnífica a quienes se atreven a escalarlo.

Así que cuando soplen los vientos fríos y las montañas te llamen, piensa en **Skadi, la** diosa que camina entre los lobos, con el arco preparado y el corazón inquebrantable. Ella te enseña a abrazar la dureza, a encontrar la belleza en la lucha y a saber que incluso en el más desolador de los inviernos se puede encontrar fuerza y resistencia. **Tú también puedes dominar las montañas.**

Angrboda

Caminante, cuando atravieses los bosques de los mitos olvidados y escuches los ecos de historias enterradas hace mucho tiempo, te encontrarás con un nombre que perdura en las sombras: **Angrboda**, la madre de los monstruos, la giganta que habitaba en el corazón del Bosque de Hierro. Su nombre tiene el peso del destino, ya que se traduce como "la que trae el dolor" o "la que trae la angustia". Y, en efecto, el dolor la perseguía allá donde se contara su historia, pues sus hijos provocarían un día el ocaso de los dioses.

Los orígenes de Angrboda se remontan a las profundidades **de Jotunheim**, la tierra de los gigantes. A diferencia de los bellos dioses de Asgard, los Jotunn eran representados a menudo como seres rudos, feroces y de formas aterradoras, pero la presencia de Angrboda trascendía la mera apariencia. Con **el pelo rojo sangre**, **la piel azulada** y la fuerza bruta de los gigantes corriendo por sus venas, era una fuerza de la naturaleza por derecho propio. El bosque donde vivía, **el Bosque de Hierro**, era un lugar oscuro y místico, hogar de mujeres gigantes, donde los secretos se susurraban entre los árboles y las profecías de fatalidad tomaban forma en la fría y pétrea tierra. Los **monstruos** que dio a luz a Loki no eran meras criaturas: eran encarnaciones del caos y de la desintegración del cosmos. **Fenrir**, el lobo destinado a devorar el sol; **Jormungandr**, la serpiente que rodeaba el mundo; y **Hel**, la reina del inframundo que conduciría a las almas a su reino oscuro. Dar a luz a tales seres era llevar el peso de los mundos en su vientre. **No se puede cargar con los destructores de dioses sin ser forjado a partir de algo más oscuro, algo más poderoso de lo que la mayoría podría comprender.**

A pesar de su monstruosa descendencia, Angrboda era mucho más que el caos del que era madre. Era una **vidente**, dotada de la visión de lo que estaba por venir, capaz de mirar profundamente en los hilos del destino. Se decía que podía **descifrar las runas**, esos antiguos símbolos del destino y el poder, y que su conocimiento de la **magia** era vasto, rivalizando incluso con el del propio Odín. Al igual que su amante Loki, tenía la capacidad de **cambiar de forma**, un poder que le permitía moverse sin ser vista por los reinos, adoptando la forma de lobos, pájaros o incluso la niebla que se enroscaba entre los oscuros árboles del Bosque de Hierro.

Pero fue su relación con **Loki** la que suscitó más conflictos. Su amor era real, apasionado y salvaje. El dios embaucador, conocido por sus lealtades escurridizas y su naturaleza cambiante, encontró en Angrboda un espíritu afín, una compañera que compartía su ansia de rebelión y destrucción. Sin embargo, a medida que engendraba a sus hijos, su lugar en Asgard se volvía más tenue. Los dioses temían a la giganta, pues conocían el destino que les aguardaba a ella y a su descendencia. El futuro que llevaba en su sangre los aterrorizaba. **Odín**, siempre cauteloso, siempre vigilante, sabía que no podía dejar que los hijos de Angrboda crecieran sin control. Temía su poder, y con razón. Así que envió a su hijo **Thor** a capturar a la giganta y llevarla a Asgard. El dios del trueno, poderoso por derecho propio, consiguió llevársela de Ironwood, y en los salones dorados de Asgard, se enfrentó a los dioses que exigirían su mayor sacrificio.

Los dioses sabían que no podían matarla, pues su magia era demasiado poderosa y su conexión con el destino demasiado profunda. En su lugar, hicieron un trato. **Su libertad a** cambio de **sus hijos**. Y aunque le dolía el corazón, Angrboda aceptó, pues sabía que las ruedas del destino ya habían empezado a girar.

Fenrir fue encadenado en una isla, y sus aullidos resonaron por todos los reinos. **Jormungandr** fue arrojado al mar, su cuerpo creció tanto que podía rodear el mundo. Y **Hel** fue enviada al inframundo, donde gobernaría sobre los muertos. Pero estas medidas, tomadas por Odín atemorizado, no impedirían la llegada del **Ragnarok**, el fin de todas las cosas.

En la batalla final, **el Ragnarok**, los hijos de Angrboda se alzarían para cumplir su destino. **Fenrir**, el gran lobo, se liberaría de sus cadenas y devoraría el sol, sumiendo al mundo en la oscuridad. Se enfrentaría a Odín en batalla, y en ese terrible choque, Fenrir **se tragaría entero al Todopoderoso**. **Jormungandr** surgiría de las profundidades, escupiendo veneno y destrucción mientras luchaba contra Thor. Y **Hel**, con su ejército de muertos, marcharía desde el inframundo para unirse a la lucha. Era el fin del mundo como los dioses lo conocían.

¿Y qué hay de la propia Angrboda? Algunos dicen que luchó junto a sus hijos, con el corazón ardiente por el dolor y la furia que habían sido sus compañeros constantes. Otros afirman que desapareció, que su destino se perdió en el caos del fin del mundo.

 Pero una cosa es cierta: su **legado** perduró en la destrucción que causaron sus hijos y en el nuevo mundo que surgió de las cenizas del viejo.

Mientras tú, **caminante**, te adentras en los oscuros bosques de la mitología, **Angrboda** se erige como un recordatorio del poder que surge de abrazar el caos y la inevitabilidad del destino. Es una figura de **fuerza**, de **magia** y de **profundo dolor**, una giganta cuya historia, aunque no tan conocida como otras, es igual de poderosa. Sus hijos dieron forma al mundo, pero ella les dio forma a ellos y, a través de ellos, sigue viviendo.

En ella encontrarás la encarnación de la **transformación**, la madre de las fuerzas que traen el cambio, un cambio violento e imparable.

Seguir sus pasos es comprender que, a veces, la destrucción es necesaria para la renovación, que los caminos más oscuros a menudo conducen a las verdades más profundas.

Cuando oigas aullar a los lobos, o cuando sueñes con serpientes que surgen de las profundidades, piensa en **Angrboda**. Ella está ahí, en las sombras, vigilando, esperando, sabiendo que, al final, **el caos siempre tiene su lugar**.

ÍNVOCAR A LA DÍOSA ÍNTERÍOR

Caminante, a medida que te adentras en los reinos ocultos de tu alma, este capítulo te invita a abrazar a la Diosa Oscura que llevas dentro, una poderosa guía para desbloquear la sombra de tu yo y despertar la energía femenina divina que yace dormida en tu interior. No es un viaje para pusilánimes, pues la **Diosa** Oscura es un espejo que refleja tanto tus miedos más profundos como tu poder sin explotar.

La Diosa Oscura que reside en tu interior no es algo que haya que temer, sino una fuerza que hay que abrazar. La sociedad a menudo nos enseña a reprimir los aspectos más oscuros de nosotros mismos, a ocultar nuestras sombras bajo la superficie. Pero esas sombras, esas imperfecciones, son la clave de tu empoderamiento. Negarlas es negar una parte de tu alma.

Muchos sienten una atracción hacia esta energía sombría, pero al principio puede resultar inquietante, esta atracción hacia algo que resulta misterioso y familiar a la vez. Sin embargo, **la oscuridad que hay en ti no es destructiva por naturaleza**, sino que forma parte de tu totalidad. **Tu sombra** puede servirte como faro de transformación, guiándote a través del crecimiento espiritual y conduciéndote a una comprensión más profunda de tu verdadero yo.

Cuando la **Diosa Oscura** comienza a agitarse en tu interior, puedes notar sus sutiles manifestaciones en tu vida cotidiana. Tal vez te sientas más insegura y **dudes de ti misma de un modo**

que te resulta abrumador. O tal vez hayas sentido una oleada de envidia o un miedo profundamente arraigado al rechazo, como si se cuestionara tu valía. Estas emociones, aunque incómodas, son señales de que la diosa que llevas dentro está despertando y te insta a enfrentarte a las partes oscuras de ti misma que has mantenido ocultas.

Puede que te encuentres buscando la perfección, demasiado sensible a las opiniones de los demás o reaccionando con dureza cuando se cruzan tus límites. Todas estas son señales de que la **diosa** te está llamando a realizar un profundo trabajo de autodescubrimiento, pidiéndote que examines las partes de ti misma que necesitan sanación y cuidados.

Reconoce estos sentimientos, caminante, porque no son tus enemigos. Son los dones de la diosa, un recordatorio de que incluso en tus momentos más oscuros, hay poder esperando a ser desenterrado.

La sombra no es algo que haya que conquistar, sino algo que hay que integrar. Al abrazar a la Diosa Oscura que llevas dentro, estás iniciando el proceso de reconocer tu yo sombrío, un paso crucial en este viaje espiritual. **La diosa** no está separada de ti; está entretejida en el tejido mismo de tu ser, y su poder cobra vida cuando te atreves a enfrentarte a las partes de ti misma que te han enseñado a ocultar.

Hay muchas maneras de abordar este trabajo, **pero no es algo que se pueda hacer con prisas**. Para algunos, la meditación es una herramienta poderosa, ya que te permite sentarte en quietud, respirar profundamente y centrarte en las emociones más oscuras que bullen en tu interior. En estos momentos de silencio, la **diosa** susurra, invitándote a escuchar las verdades que has estado evitando.

Otras prácticas, como el trabajo en la sombra, son igualmente profundas. En él, profundizas en los aspectos más oscuros de tu personalidad: los desencadenantes emocionales, los comportamientos destructivos y los deseos ocultos que has rechazado. A través del trabajo de sombras, puedes sacar a la luz estos aspectos y transformarlos en algo que sirva a tu bien más elevado. **Al descubrir estas partes ocultas**, empezarás a ver la sabiduría que encierran. Ya no temerás a tus imperfecciones, sino que las reconocerás como poderosas aliadas en tu camino hacia la plenitud.

El proceso de **integración de la sombra** no es fácil, caminante. Requiere paciencia, compasión y la voluntad de explorar los territorios inexplorados de tu mente y tu alma. Pero es a través de este trabajo que llegarás a comprender toda la profundidad del poder de la Diosa Oscura dentro de ti. Al sacar tu yo sombrío del inconsciente, aprovecharás la oscuridad que una vez te controló y, en su lugar, la utilizarás como herramienta para navegar por el mundo con claridad y propósito.

La **Diosa Oscura** nos enseña que, para conocernos de verdad, debemos aceptar todos los aspectos de lo que somos: la luz **y la oscuridad, la alegría y la tristeza, el amor y la ira**. En este espacio encontrarás **tus verdades más profundas**, las que yacen bajo la superficie de tus pensamientos y emociones cotidianos. Al conectar con tu **diosa interior**, abres la puerta a la transformación, a una vida en la que tu poder no se ve mermado por el miedo, sino potenciado por la integración de tu sombra.

Cuanto más abraces al femenino oscuro, más verás cómo su energía fluye a través de ti. Ya no rehuirás tus emociones, por intensas que sean. En su lugar, las manejarás con intención, **permitiéndote sentir profundamente y vivir con autenticidad**.

Caminante, este no es un camino para apresurarse, sino uno que debe ser recorrido con reverencia y conciencia. Mientras avanzas, recuerda que la Diosa Oscura siempre está ahí, esperando dentro de ti. **Ella no está separada de ti; ella eres tú**, la encarnación de tu sombra y tu luz, tu miedo y tu fuerza.

Deja que te guíe hacia las profundidades y, al hacerlo, emergerás transformado. **El viaje para abrazar a la Diosa Oscura no es de destrucción, sino de renacimiento.** Y al abrazarla, encontrarás el poder que has estado buscando, un poder que no proviene de la negación de tu sombra, sino de la integración de cada parte de lo que eres.

En los momentos de calma, en la quietud de tu mente, **escucha su llamada**. Siempre está ahí, esperando para mostrarte el camino hacia la plenitud, si tienes el valor de seguirla en la oscuridad. **Abrázala, caminante, y abrazarás la plenitud de tu alma.**

Ejercicio de visualización de sombras

Caminante, deja que esta sea tu guía mientras te embarcas en un viaje hacia el interior, hacia las profundidades sombrías de tu alma. **La Diosa Oscura** te llama a encontrarte con tu yo sombrío, no con miedo, sino con curiosidad y apertura. Esta visualización es una herramienta, una invitación sagrada a integrar las partes olvidadas o reprimidas de ti mismo. **Tómate tu tiempo, porque este no es un camino para apresurarse.**

En primer lugar, busca un espacio tranquilo donde el mundo exterior se desvanezca, donde tu atención no se desvíe. **Siéntate o túmbate cómodamente** y cierra los ojos, dejando que la quietud se instale a tu alrededor.

Inspire profundamente por la boca, sintiendo cómo el aire llena los pulmones, y **espire suavemente por las fosas nasales**, liberando la tensión con cada respiración. **No se precipite.** Al principio, su mente puede sentirse inquieta, con una danza de pensamientos arremolinándose en el fondo. **Permítales moverse libremente sin juzgarlos,** como las nubes que cruzan el cielo.

Al inhalar, siente cómo se ablanda tu cuerpo. Suelta cualquier tensión. Si la calma te resulta difícil de alcanzar, no la fuerces y deja que surja de forma natural. **Tal vez el sonido de una suave música de meditación o el aroma del incienso encendido puedan ayudarte a sumergirte más profundamente en la relajación.**

Ahora, mientras tu cuerpo descansa, **imagínate de pie a la entrada de una cueva oscura.** El aire es denso, fresco y lleno de misterio. No es una cueva cualquiera. Es la cueva de tu **yo en la sombra**, los aspectos ocultos de tu alma, esperando a ser descubiertos.

Da un paso adelante, caminante. Al entrar, siente el frío del aire envolviéndote como un velo, pero no lo temas. A cada paso, la oscuridad te abraza, y te adentras más en lo desconocido, guiado sólo por el instinto.

A lo lejos, notas un débil parpadeo: una **luz diminuta**, frágil pero inquebrantable. **Camina hacia ella.** Esta luz es tu faro y, a medida que te acercas, su resplandor revela una figura sombría de pie justo detrás de la llama.

Aquí, en este lugar de sombras, puedes sentir su presencia, oscura pero familiar, poderosa pero acogedora. **Te sientes a la vez atraído por esta figura y vacilante ante ella.** Haz una pausa y escucha a tu cuerpo. **¿Dónde se instala esta sensación?** ¿En el pecho, en el estómago, en la garganta? **Permítete sentir el peso de esta ambigüedad sin apresurarte a definirla.**

Cuando estés listo, **acércate.** La figura no está aquí para hacerte daño. Está aquí para revelar lo que has ocultado, para mostrarte lo que hay bajo la superficie.

Pregúntales quiénes son. Pregúntales qué quieren contarte o qué quieren mostrarte. **No temas sus respuestas.** Puede que sientas sus palabras tanto como las oyes, una verdad que resuena en lo más profundo de ti. **Esta sombra es parte de ti,** un reflejo de algo que has intentado reprimir durante mucho tiempo. Tal vez sea un recuerdo olvidado, un miedo que has enterrado o una verdad que te has negado a ti mismo.

Escucha con atención. **Toma nota del mensaje que traen.** Puede resultar inquietante, pero debes saber que aquí estás a salvo. No es necesario que aceptes todo de golpe. **Toma sólo lo que estés preparado para manejar.** Habrá más tiempo para volver si es necesario.

Cuando sientas que la conversación ha terminado, o cuando sientas que has recibido todo lo que podías por ahora, deja que la sombra comience **a desvanecerse en la oscuridad**. Pero que sepas que lo que te han revelado permanecerá contigo, listo para ser explorado más a fondo cuando tú lo desees.

Esto es sólo el principio, caminante. Cada vez que vuelvas a esta cueva, se revelarán nuevas capas de tu sombra. La Diosa Oscura camina contigo en este sendero, ofreciéndote la fuerza para enfrentarte a lo que has ocultado, para abrazar todo el alcance de lo que eres.

Con el tiempo y la práctica, aprenderás a llevar esta sombra, no como una carga, sino como una **fuente de sabiduría y poder**. Este viaje se desarrollará a medida que continúes encontrándote con las partes de ti misma olvidadas durante mucho tiempo y, a través de esta práctica, te acercarás a abrazar a la **Diosa Oscura** que llevas dentro.

Despierta tu diosa oscura interior

Caminante, entra en el abrazo de la **Diosa Oscura**. Este capítulo te guía para que te adentres en sus misterios, ofreciéndote prácticas que despertarán tu poder interior y revelarán el yo sombrío que aguarda bajo la superficie. Cada práctica es una invitación: un ritual para conectar, un camino para conocerte más plenamente, incluso en las partes que has ocultado durante mucho tiempo.

La influencia de la **Diosa Oscura** susurra entre los árboles, se agita en las aguas y danza en los vientos. **Su energía está entretejida en cada elemento de la naturaleza.** Si caminas descalzo sobre la tierra húmeda o escuchas el tranquilo murmullo de un arroyo, estás tocando su esencia.

Aprovecha cualquier oportunidad para dejar que la naturaleza te hable, aunque sólo sea un momento en la hierba, bajo la sombra de un árbol. Si vives cerca del agua, deja que las olas lleven tus pensamientos mientras invocas a la diosa. Si estás atado a la ciudad, rodéate de plantas, piedras y cristales: crea tu santuario donde su presencia pueda prosperar. **Siéntela en la quietud, en la lluvia, a la luz de la luna.**

Al recorrer este camino, llevar un diario se convierte en un acto de descubrimiento. **Es más que escribir: es un diálogo con tu oscuridad interior.** Cuando pongas la pluma sobre el papel, deja que los pensamientos fluyan sin restricciones. **Escribe tu verdad, incluso cuando te resulte incómodo.** Cada palabra que escribes revela una parte de ti que anhela ser vista.

Registra tus experiencias, tus sueños, tus sombras. Reflexiona al final de la semana y observa qué pautas surgen. **Puede que te sorprenda lo que te susurra el alma cuando estás dispuesto a escuchar.** Incluso cuando no sepas por dónde empezar, deja que tu pluma se mueva. Descubrirás que hay mucho más debajo de la superficie de lo que creías.

Abrazar tu yo sombrío es abrazarte a ti mismo: tus **imperfecciones, tus miedos, tus deseos. La Diosa Oscura** conoce el poder de amar cada parte de tu ser, incluso las partes que se sienten demasiado salvajes, demasiado rotas o demasiado oscuras para amarlas. **Muéstrate amable contigo misma,** porque el amor propio es un acto sagrado de reivindicación de todo lo que eres.

Acepta tu pasado. Libera lo que ya no te sirve. **Al amarte a ti mismo, señalas que estás preparado para integrar todos los aspectos de tu ser.** No eres demasiado. Eres suficiente: cada defecto, cada miedo, cada sombra. Al ofrecerte amor, abres la puerta a la Diosa Oscura que llevas dentro.

La luna oscura encierra una profunda magia. Es el momento en que el cielo nocturno es más profundo, cuando la energía de la Diosa Oscura late con más fuerza. **En esta meditación, viajarás a esa oscuridad** y la despertarás en tu interior.

Busca un lugar tranquilo, caminante, y acomódate. Deja que el mundo se desvanezca mientras te sumerges en el momento. Cierra los ojos y respira hondo, dejando que tu cuerpo se llene por completo antes de soltarlo lentamente.

Imagínate al borde de un bosque oscuro y antiguo. **Sigue tu instinto** y adéntrate en los árboles. Las ramas tejen un dosel de sombras, pero caminas con confianza, sabiendo que este sendero conduce a las profundidades de tu alma. **Aquí no hay por qué temer: es tierra sagrada.**

Mientras caminas, llegas a un claro. Hay una hoguera encendida, cuyas llamas crepitan suavemente, arrojando una luz parpadeante sobre la tierra. **Acomódate frente al fuego y concentra tus pensamientos.** Con cada respiración, siente que tomas tierra. La respiración sube hasta la coronilla, baja hasta los pies y llega a la tierra que hay debajo de ti. **Estás conectado, tanto a la energía oscura interior como a la propia tierra.**

Siente cómo la energía que te rodea se expande, rodeando el claro y creando un santuario. **Aquí, nada puede hacerte daño.** Estás a salvo, acunado por la energía de la tierra y de la Diosa Oscura.

Ahora, deja que tus pensamientos se dirijan a los meses venideros. **Siente la energía de tus deseos, tus planes, tus esperanzas.** Canalízalos hacia el fuego. **¿Qué significan estos sueños para ti?** ¿Cómo transformarán tu vida? Siéntate con estos pensamientos y deja que las llamas los absorban, alimentando la energía de tu futuro.

A medida que el fuego arde, el claro se desvanece. **Ahora estás rodeado de oscuridad.** No hay miedo, sólo tranquilidad. El sutil resplandor de la luna oscura ilumina tu camino, guiándote más profundamente en el misterio.

Déjate llevar. Deja ir tus miedos, tus dudas, las limitaciones que te has puesto a ti mismo. **En esta oscuridad, hay libertad.** Estás conectado a lo desconocido, al gran misterio, a la oscuridad femenina interior.

Siente cómo se eleva en tu corazón, cómo su energía se funde con la tuya. Ella es la verdad que llevas contigo, el poder de decir tu verdad, de vivirla con valentía. **Deja que la energía se eleve desde tu corazón hasta las estrellas, llenándote de fuerza.**

Cuando estés preparado, vuelve a respirar profundamente. **Deja que las imágenes se disuelvan** y vuelve al presente. Pero debes saber que **has despertado algo en tu interior.** Ya no tienes miedo a lo desconocido. **La Diosa Oscura camina contigo ahora, guiándote a través de las sombras, y dándote poder para reclamar todo lo que es tuyo.**

RÍTUALES AVANZADOS

Caminante, si te has sentido atraído por este capítulo, estás en el precipicio de un camino más profundo y transformador, uno en el que te adentrarás en las sombras y te encontrarás con la energía cruda y primigenia de la Diosa Oscura. Este no es un camino para los pusilánimes, ni para aquellos que buscan respuestas rápidas. El ritual que estás a punto de emprender es potente y peligroso, diseñado para conectar tu alma con la esencia de la Diosa **Oscura.**

Atención, este ritual abre una puerta entre los reinos material y espiritual, donde danzan las sombras y emergen verdades olvidadas. Es un lugar donde reina la Diosa Oscura, cuya energía es potente e indomable. No aparece sin que se la pida, y una vez invocada, verá hasta lo más profundo de tu alma.

Procede con cautela, porque invocarla es invitar a tu vida su poderosa presencia, a veces peligrosa. Ella trae transformación, pero a menudo a través de la destrucción, enfrentándote a tus miedos más profundos, deseos ocultos y sombras sin resolver.

Preparación del Ser

Antes de adentrarte en sus dominios, debes **prepararte por completo, tanto en cuerpo como en espíritu.** La energía que pretendes invocar es primigenia y vasta, indómita y ferozmente transformadora. **Entrar en este espacio sin estar preparada sería una locura**, porque la Diosa Oscura no tolera nada que no sea tu ser completo.

La purificación es el primer paso, no sólo del cuerpo, sino del alma. Cada ritual de magia, cada invocación de energías ancestrales, requiere que te limpies de lo mundano. **Debes permanecer desnudo ante ella.** Aquí no hay lugar para el ego, ni para las ilusiones en las que nos envolvemos para protegernos.

Quitarte la ropa es quitarte esas máscaras, las capas de ego, miedo y control. La Diosa Oscura, en su sabiduría, ve a través de cada pretensión, cada escudo que has construido alrededor de tu corazón y tu alma.

No hay forma de esconderse de ella.

Antes de invocarla, hay que tener en cuenta **otro límite sagrado. No realices este ritual durante tu período lunar.** La sangre de tu ciclo menstrual, aunque es una poderosa corriente de vida por derecho propio, interferirá con el delicado equilibrio de energías que exige este ritual.

El flujo físico de tu sangre vital se mezcla con el flujo espiritual de la Diosa Oscura, y si la invocas mientras estás sangrando, su energía puede volverse volátil, incontrolable.

La Diosa Oscura, aunque feroz, impone respeto por su poder. No se la invocará a la ligera, y mucho menos cuando las energías de tu interior estén desalineadas. Procede sólo cuando estés en plena sintonía, en armonía con tu cuerpo, espíritu y mente.

La Diosa Oscura te llama en tu estado más abierto, vulnerable y receptivo.

No es una advertencia para desanimarte, sino un recordatorio del **contrato sagrado** que estás firmando. Ella saldrá a tu encuentro allí donde estés, pero **debes estar dispuesto a permanecer impávido ante su presencia.**

El Círculo de las Cuatro Torres

Caminante, estás a punto de entrar en un espacio donde los velos son finos, donde el aire zumba con la energía de lo invisible. **Ahora, traza tu círculo.** Este es tu santuario y tu puerta, el límite que contiene tanto **protección como poder**. Al trazar este espacio sagrado, no estás simplemente marcando el terreno; estás esculpiendo un **reino entre mundos**, un lugar donde el tiempo se curva, donde la Diosa Oscura escucha. Cada movimiento que hagas debe ser intencionado, firme, deliberado. **El círculo es tu puente entre lo mundano y lo místico**, y en él invitarás a fuerzas que han vagado por las sombras durante siglos.

Empieza por reunir las herramientas que anclarán este ritual. **Necesitas cuatro velas, de tonalidad oscura**, cada una portadora de la antigua esencia de los elementos, pero no de la forma en que las has conocido. Estas velas contienen una corriente más profunda, un pulso más oscuro que resuena con la energía de la Diosa Oscura.

La vela negra invoca a la Tierra, pero no a la tierra nutricia de la primavera. Es la tierra que ha conocido la muerte y la decadencia, **el rico suelo negro** del que todas las cosas acaban volviendo. Es la oscuridad fértil, la cuna de los huesos, la tierra fría y sólida que cobija lo que hay debajo. Coloca esta vela en el Norte, donde la **tierra descansa firme y fría**, y siente cómo el peso del elemento te enraíza, tirando de tu energía hacia lo más profundo.

La vela púrpura convoca al Aire, pero no a la brisa suave ni a los vientos ligeros. Es **el aliento de las tormentas**, el aire cargado de susurros antiguos y misterios sin resolver, la fuerza que se agita en la oscuridad de la noche cuando los secretos pasan de boca en boca. Pertenece al Este, la dirección de la primera luz, pero aquí el amanecer está envuelto en sombras. Cuando coloques esta vela, siente cómo el aire se espesa a tu alrededor, cargado de potencial, a la espera de revelar lo que ha estado oculto durante mucho tiempo.

A continuación, coge la **vela marrón (o azul oscuro o verde oscuro) para invocar el Agua**. No se trata del agua juguetona y ondulante de los ríos cristalinos. Es el agua que permanece quieta en los estanques oscuros, en las profundidades ocultas del océano donde la luz no se atreve a aventurarse. Es la corriente lenta y transformadora que labra su camino a lo largo del tiempo, oculta pero fuerte. Sitúala en el Oeste, donde el sol se oculta y las sombras se alargan, trayendo consigo la promesa de la transformación.

Por último, coloca la **vela rojo oscuro para invocar al Fuego**. Pero no se trata de la reconfortante llama del hogar. **Este es el fuego que destruye**, la llamarada que despoja de toda pretensión, dejando sólo la verdad a su paso. Es el infierno que purifica, que quema a través de la ilusión y la mentira, obligando a todos a revelar su esencia en bruto. Enciende esta vela en el Sur, donde el calor de la transformación arde con más intensidad, y siente cómo las llamas se elevan en tu interior, desafiándote a liberar lo que ya no te sirve.

Ahora, **muévete en el sentido de las agujas del reloj alrededor del círculo**, encendiendo cada vela a tu paso. Deja que las llamas parpadeen y bailen en la oscuridad, proyectando largas sombras que se extiendan hacia el centro del círculo. **Cuando el fuego toque la mecha, habla en voz alta, invocando a los elementos para que se levanten y den testimonio, para que protejan y den poder:**

"Por la tierra negra de abajo, el aire púrpura de arriba, las aguas marrones que fluyen en las profundidades y el fuego rojo que arde

dentro, llamo a las torres a levantarse. Guardad este círculo. Sellad este espacio. No dejéis entrar a ninguna fuerza salvo por mi voluntad y la voluntad de la Diosa Oscura".

Cuando las palabras salen de tus labios, **sientes cómo se agitan los elementos**. La tierra bajo tus pies parece solidificarse y te sumerge aún más en el ritual. El aire se espesa, cargado de electricidad, la promesa de secretos desvelados. El agua tira, lenta y profunda, suscitando emociones y transformaciones aún invisibles. El fuego crepita y crece, consumiendo todo lo falso y dejando a su paso sólo la verdad.

El círculo ya está trazado. Te encuentras en el centro de una frontera sagrada, sellada por las fuerzas ancestrales que has invocado. **Las Cuatro Torres se alzan a tu alrededor**, centinelas de tierra, aire, agua y fuego, y sus energías se entrelazan para crear un espacio en el que sólo pueden entrar la verdad y el poder.

Permanece dentro de este círculo y sabe que, a partir de este momento, ya no estás sola. La Diosa Oscura está cerca, observando desde los bordes de tu espacio sagrado, esperando el momento en que estés preparada para encontrarte con su mirada.

El triángulo de la invocación

Caminante, a medida que te adentras en este espacio sagrado, ha llegado el momento de **invocar el Triángulo de Invocación**, el conducto a través del cual la Diosa Oscura pasará de su reino en la sombra a tu círculo. Este triángulo no es sólo un símbolo o una forma geométrica; es un **recipiente divino**, una llave que abre la puerta entre los mundos. Crea un espacio donde las energías convergen, donde la luz y la sombra se entrelazan, y donde la Diosa misma puede manifestarse.

Reúne tres **pequeñas velas grises**, porque el gris es el tono de lo intermedio, un color que no existe ni a plena luz ni en la oscuridad, sino en los espacios donde ambos se encuentran. Este es el lugar del misterio, el liminal, el umbral entre mundos donde las sombras caminan y los susurros perduran. Utilizarás estas velas para **formar el triángulo sagrado, un** recipiente lo suficientemente fuerte como para contener la inmensa energía de la Diosa Oscura. Arrodíllate en el centro del círculo, con el aire ya cargado del poder de las Cuatro Torres. Con manos firmes, coloca las velas grises en forma de triángulo en el centro del espacio. **Siente el peso de tu intención** al hacerlo. Este triángulo se convertirá en la **cuna de la presencia de la Diosa**, un recipiente que contendrá su energía mientras desciende.

Ahora, coge un trozo de **pergamino**, puro y en blanco, y prepárate para escribir el nombre de la Diosa que pretendes invocar. Debes escribir su nombre en **escritura tebana**, el antiguo alfabeto de las brujas. Hazlo **con tinta roja**, pues el rojo es el color de la vida, de la sangre, de los sacrificios que hacemos en este viaje. Mientras el rojo fluye de tu pluma, **siente que la tinta te une a la Diosa**, sellando tu intención con un hilo de energía que se extiende entre tú y su forma invisible. **Las palabras que**

escribes tienen poder, porque con ellas la llamas, la invocas desde las profundidades de lo invisible.

Coloca el pergamino con cuidado dentro del triángulo de velas. **Es una ofrenda sagrada**, un mensaje lanzado al abismo, que espera su respuesta. El nombre que has inscrito no es una simple palabra, es una llave, una puerta a través de la cual fluirá su presencia. Contiene el peso de antiguos misterios y, al colocarlo en el corazón del triángulo, le abres el camino para que dé un paso adelante.

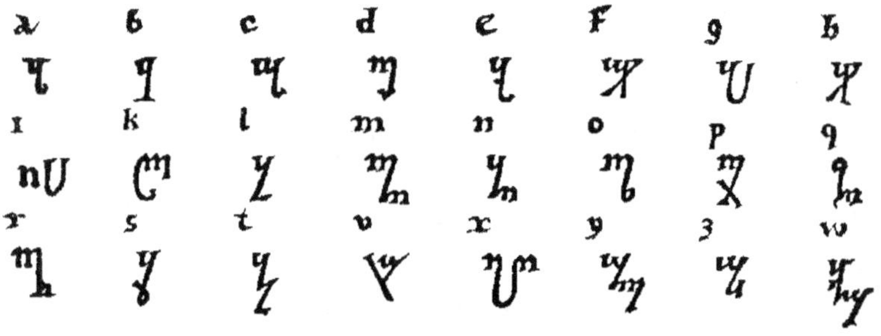

a	b	c	d	e	f	g	h
i	k	l	m	n	o	p	q
r	s	t	v	x	y	3	w

A continuación, debes encender el incienso de invocación. El incienso debe ser una mezcla de **carbón vegetal y especias secas, materiales** que transmiten la resonancia de la tierra y el fuego, de la transformación y la pureza. Cuando enciendas el incienso, **observa cómo el humo se eleva** en zarcillos enroscados, retorciéndose y girando a medida que asciende por el aire. **El humo es tu ofrenda**, el puente entre lo mortal y lo divino. Lleva tu voluntad hacia arriba, hacia los reinos que se encuentran más allá de tu círculo, más allá de la vista de los ojos humanos. **Deja que lleve tu intención como una súplica susurrada**, delicada pero resuelta, en espiral a través de los espacios invisibles que conectan este mundo con aquel en el que mora la Diosa Oscura.

A medida que el aroma llene el aire, la atmósfera a tu alrededor empezará a cambiar. Las llamas de las velas grises pueden parpadear, respondiendo a la energía que has invocado. El espacio dentro de su círculo se sentirá más pesado, el aire espeso con anticipación. Ya **no estás sola** aquí. La Diosa Oscura escucha, y pronto sentirás su presencia agitarse.

Déjate **llevar por la energía del ritual**, ríndete a la atracción del humo y el fuego, el aroma y el silencio. Puede que tu corazón se acelere, pero no temas. **Ella vendrá a su debido tiempo**, cuando el velo entre los mundos se haya diluido lo suficiente como para permitirle el paso.

Y mientras esperas, sintoniza tus sentidos. **Siente el cambio en el aire**, el sutil temblor del suelo bajo tus pies. La Diosa Oscura se acerca, atraída por la invocación que has elaborado cuidadosamente. **Su esencia persiste en los límites de tu conciencia**, una sombra en la esquina de tu visión, una presencia que aún no puedes ver del todo, pero que ya puedes sentir en lo más profundo de tu alma. **Ya no esperas, sino que te conviertes en parte de la propia invocación**.

Este es el momento previo a su llegada, la pausa antes de la tormenta. Permanece anclado en tu círculo, porque la energía aquí es salvaje, antigua y potente. **Ahora estás en el umbral**, el punto donde los mundos chocan, donde tú y la Diosa se encontrarán.

Su llegada no será suave. Después de todo, es la Diosa Oscura, y su presencia **te desafiará, pero** también te transformará. Quédate con ella, caminante, porque ya has llegado hasta aquí. **Confía en el ritual, confía en el espacio que has creado** y confía en la conexión que has convocado.

El espacio ritual

Caminante, has llegado hasta aquí, y ahora comienza el verdadero trabajo. Mientras te preparas para adentrarte aún más en el reino de las sombras, **presta atención a los símbolos que vas a colocar** en tu círculo, pues no son meros objetos, sino herramientas sagradas, cada una con su propia energía, cada una una puerta a lo desconocido.

En el punto más septentrional del círculo, toma la **vela blanca** entre tus manos. Esta vela, aunque arde con una llama blanca, no es un símbolo de la luz tal y como la conoces. Es el **fuego purificador, una** llama que quemará el miedo y la vacilación, creando un escudo a tu alrededor mientras te adentras en los reinos oscuros. **Siente la cera entre tus dedos** al depositarla, percibiendo el poder que encierra, un recordatorio de que incluso en la sombra hay protección. **Su llama baila no como desafío a la oscuridad**, sino como guía a través de ella, garantizando tu seguridad mientras te enfrentas a lo desconocido.

Ahora, en el **punto más meridional**, frente a la llama blanca, coloca el **espejo de obsidiana**. Este no es un espejo ordinario, caminante. Está forjado en el corazón del fuego volcánico, nacido del mismo vientre de la tierra, una **creación de energía elemental en bruto**. La obsidiana es la piedra de la transformación, un reflejo no sólo del mundo exterior, sino de tus sombras más íntimas. **No te mentirá** ni te mimará. Es un portal, una puerta a través de la cual la Diosa Oscura se revelará. Colócalo con reverencia, sabiendo que una vez que mires en sus profundidades, puede que nunca vuelvas a verte de la misma manera.

Cuando el espejo y la vela estén colocados, estarás listo para entrar en el **espacio que los separa:** el espacio que alberga la sombra y la luz, el miedo y el valor, la verdad y la ilusión. **Sitúate en el centro del círculo**, entre la llama blanca de la protección y el espejo de obsidiana de la sombra. Ahora eres el puente, caminante, entre lo material y lo espiritual, lo que se ve y lo que no se ve.

Cierra los ojos y respira hondo. Siente el peso del aire a tu alrededor, cómo se espesa, como si estuviera impregnado de la energía de las Cuatro Torres y del poder del Triángulo que has convocado. Deja que la respiración te ancle y te sumerja en la energía del círculo. **Con cada inhalación**, siente la energía que surge de la tierra bajo tus pies, llenándote, enraizándote. **Con cada exhalación**, siente la presencia de la Diosa Oscura cada vez más cerca, como si se sintiera atraída por tu llamada, atraída hacia el espacio que has creado.

Su energía no es suave, caminante. **Es salvaje e indómita**, se arremolina en el humo del incienso, parpadea en las llamas de las velas. Ahora puedes sentirla, ¿verdad? **Una presencia, una fuerza a la vez** familiar y aterradora. No está aquí para consolarte, sino para **mostrarte las verdades que te has ocultado a ti mismo**, para que te enfrentes a las sombras que habitan en tu interior. **Su energía te atraviesa en espiral**, llena el círculo y hace que el aire se impregne de su poder. Estás al borde de algo inmenso, algo que te transformará si lo permites.

Pero no te mires al espejo todavía. No hasta que estés preparado.

Respira de nuevo, esta vez más profundamente. Siente la obsidiana bajo tus pies, la piedra de la transformación, sólida e inquebrantable. Deja que su energía fluya hacia arriba, anclándote a la tierra incluso cuando la presencia de la Diosa Oscura empieza a arremolinarse a tu alrededor, **su esencia fundiéndose con el aire, la tierra, el fuego y el agua de tu**

círculo. Ahora está cerca, su poder es tan palpable que parece como si las propias sombras estuvieran vivas, **moviéndose, respirando**, esperando el momento en que te mires en el espejo y la veas -te veas a ti misma- como nunca antes lo habías hecho.

Este es el momento de **quietud antes de la tormenta**, la calma antes de que la Diosa Oscura se revele por completo. Estás en el precipicio, caminante, entre lo que sabes y lo que temes. **No te precipites en** este momento. Deja que se prolongue. Deja que la energía se acumule, como una ola que cobra fuerza y se prepara para romper.

Cuando estés preparado, abre los ojos y **vuelve la mirada hacia el espejo de obsidiana. Siente su atracción**, la forma en que te llama, haciéndote señas para que mires en sus profundidades. Pero debes saber esto: **lo que ves reflejado en el espejo no es sólo tu forma exterior**, sino el reflejo de tu yo sombrío, las partes de ti que han estado ocultas, olvidadas, tal vez incluso temidas. La Diosa Oscura **se revelará a través de este espejo**, pero también te revelará a ti: las **verdades que yacen bajo la superficie, los miedos que has enterrado, los deseos que has negado**.

Un paso adelante, caminante. **Mírate en el espejo. Deja que sus ojos se encuentren con los tuyos**. Estás preparado.

Invocación a la Diosa Oscura

Caminante, ya estás preparado, alineado en cuerpo y mente. **El aire se espesa a tu alrededor**, vibrando con la energía que has convocado, y ahora es el momento de pronunciar los nombres sagrados de la Diosa Oscura. Estos nombres son antiguos, y cada uno de ellos es una llave que abre la puerta entre este mundo y los reinos sombríos donde ella habita. Pero debes saber esto: no la dominas. No puedes forzar su mano. La estás llamando, invitándola a tu espacio, a tu vida, a tu alma.

Tu voz debe llevar el peso de tu intención. **Siente cómo aumenta la energía en tu interior** mientras te preparas para hablar. La jacula, la antigua oración de invocación, es más que una serie de palabras: es un encantamiento, una vibración que resonará en el círculo, en el triángulo de invocación y más allá. Cuando empieces a cantar, cada nombre será como un tamborileo que la irá acercando.

"Lilith... Morrigan... Hekate... Kali... Lilith... Morrigan... Hekate... Kali..."

Siente el poder de estos nombres dentro de ti. Con cada repetición, **agitas el aire** y el círculo se carga. La energía aumenta con cada respiración, con cada invocación. Ya no estás simplemente hablando, **estás canalizando**. No son sólo palabras; son puertas, y cada diosa que nombras contiene la llave a una parte diferente de la sombra de la divinidad femenina, una cara diferente del poder, la sabiduría y la destrucción.

Las vibraciones del canto resuenan **en tus huesos**, reverberando en todo tu ser. Las velas parpadean, sus llamas danzan al ritmo de la energía creciente. Y ahora, caminante, **vuelve los ojos al espejo de obsidiana**. ¿Qué es lo que ves? Al principio, puede que no veas más que oscuridad, sombras que cambian y se arremolinan. **Pero no apartes la mirada**. Mantén tu mirada fija, porque aquí es donde la Diosa Oscura se revelará. Puede aparecer como una figura sombría, como un cuervo posado en el borde del espejo, o como una mujer envuelta en la oscuridad, cuya forma sólo es parcialmente visible.

La imagen puede cambiar, fluida y esquiva, pero **su presencia se hará más fuerte**. La sentirás, como un peso que te oprime el pecho, el alma. **Ella está aquí**. Y cuando tus ojos se encuentren con los suyos, lo sabrás. Has abierto la puerta y ella ha entrado.

La Diosa Oscura no viene sin desafío. **Su mirada te despojará de tus pretensiones**. Te ve por lo que realmente eres, y te mostrará lo que necesitas ver, aunque sea lo que has evitado durante tanto tiempo. **Respira, caminante. No huyas de este momento**. Deja que su energía te inunde, llene el espacio, penetre en tu ser. Por eso la llamaste, para afrontar lo que ha estado oculto, para enfrentarte a la sombra.

Su presencia te pondrá a prueba. Puede que sientas una oleada abrumadora de emociones: miedo, dolor, ira, tristeza. Ella saca estas cosas a la superficie, no para romperte, sino para hacerte más fuerte, para prepararte para la transformación. Este es el poder de la Diosa Oscura. **Ella no se esconde de la verdad**, y tú tampoco debes hacerlo.

Siente su poder llenando el círculo. Se extiende en espiral a tu alrededor, a través del triángulo de invocación, hasta lo más profundo de tu ser. **Ya no estás separado de ella**. Su energía fluye a través de ti, y tú a través de ella. Los límites entre tú y la Diosa Oscura se difuminan, fundiéndose en uno. **Esta es la conexión que buscabas**. Este es el despertar que anhelabas.

Quédate con ella todo el tiempo que puedas. Deja que te muestre lo que necesitas ver, que te guíe a través del laberinto de tu propia alma. No se irá hasta que haya terminado su trabajo, hasta que te hayas enfrentado a las sombras de tu interior. **Pero que sepas**, caminante, que una vez que la hayas invitado a entrar en tu vida, permanecerá contigo, incluso después de que el ritual se haya completado. **Su presencia perdura**, como un recordatorio del viaje que has iniciado, de la transformación que te espera.

Cuando estés preparada, y sólo cuando lo estés, **podrás liberarla**. Pero la Diosa Oscura siempre estará contigo ahora, su esencia entretejida en el tejido de tu ser. Ya no eres la misma. La has visto, y al hacerlo, te has visto a ti misma.

Destierro y cierre

Caminante, ahora que la Diosa Oscura se ha revelado y ha susurrado sus verdades a tu alma, es hora de cerrar cuidadosamente el ritual. Su presencia, poderosa y cruda, debe ser liberada con intención, o de lo contrario puede perdurar en formas que aún no comprendes. Su energía, si se deja sin ataduras, puede perturbar el equilibrio que intentabas crear.

Siente cómo el peso de su presencia se desvanece ligeramente, aunque permanece cerca, esperando a que completes el proceso. Coge en tu mano la vela blanca: es tu último acto de protección, la llama que quema las sombras persistentes y sella el portal. Sostenla en alto y pronuncia las palabras que la guiarán de vuelta a su reino:

"Diosa Oscura, te agradezco tu presencia. Te libero ahora a tu reino. Ve en paz, mientras yo permanezco".

El aire cambia cuando hablas, tu voz transmite gratitud y órdenes. Apaga la vela blanca y observa cómo la llama parpadea un último instante antes de desaparecer en el humo. **Este simple soplo cierra el portal,** marcando el final de su paso a tu mundo. La conexión comienza a disolverse.

Ahora, vuelve tu atención al espejo de obsidiana. **Su superficie, una vez viva con su esencia, está ahora inmóvil.** Suavemente, sin prisa, cubre el espejo con un paño negro. Esta tela es más que una cubierta: sella el portal, asegurando que nada más pase a través de él. **La oscuridad tras el espejo permanece tras él.** Cierras la puerta, pero no para siempre.

Siente el cambio de energía, un sutil retroceso, como la marea que se retira. **El aire se vuelve más ligero,** pero tu trabajo aún no ha terminado. Camina con determinación, caminante, **en sentido**

contrario a las agujas del reloj alrededor de tu círculo. Este camino deshace lo que has creado, cerrando el espacio sagrado. Al llegar a cada vela, apaga su llama una a una y da las gracias a los elementos que han permanecido centinelas.

"Por tierra negra, por aire púrpura, por aguas marrones, por fuego rojo- libero a los guardianes del círculo. Mi trabajo está hecho. Id en paz".

Cada llama se apaga a su vez y, con ella, los guardianes de los elementos regresan a sus lejanos reinos. Cuando la luz de la última vela se oscurezca, colócate en el centro del círculo ya cerrado. **Respira profundamente**. Siente cómo la energía que antes latía con intensidad ahora se calma y se convierte en un suave zumbido. Has caminado por el sendero sombrío, te has enfrentado a la Diosa Oscura, y ahora, has vuelto a ti mismo. Pero has cambiado.

Wayfarer, **nunca volverás a ser el mismo.**

Después del ritual

La Diosa Oscura está contigo ahora, su esencia entretejida en tu ser. **Su presencia permanece en silencio**, en los rincones de tus pensamientos, en el espacio entre respiraciones. Puede que no la veas, pero la sentirás en los momentos tranquilos de tu día, en tus sueños, en los momentos de quietud y, más profundamente, en los momentos de tu mayor transformación. **Sus lecciones rara vez son suaves**, pero siempre son verdaderas, siempre tienen un propósito.

Prepárate, porque su energía te desafiará y te empujará a enfrentarte a las sombras que has ignorado durante tanto tiempo. **Los rincones oscuros de tu alma ya no se esconderán de su mirada.** Donde antes veías miedo, ella te mostrará fuerza. Donde te aferrabas a viejas heridas, ella te pedirá que las liberes. Tú la llamaste y ahora camina contigo.

El cambio llegará. No hay escapatoria, porque la Diosa Oscura no entra en tu vida sin dejar su huella. Puede que descubras que viejos hábitos, creencias y relaciones empiezan a cambiar, a menudo de forma inesperada. **Ella trae la tormenta, pero con ella, la claridad que sólo llega después de la lluvia.**

La verás en los momentos de reflexión tranquila, cuando el mundo que te rodea se detiene y sólo te quedan tus pensamientos. Oirás su voz en el susurro del viento, **en las sombras que proyecta la luz de la luna** y en las profundidades de tu propia intuición. Ella es el espejo oscuro de tu alma, que te devuelve lo que necesitas ver, no lo que deseas ver.

Caminante, no temas su presencia. Por algo la has invitado a tu vida. **Está aquí para guiarte**, para derribar lo que ya no te sirve y para ayudarte a resurgir de las cenizas de tu propia transformación. Su poder es feroz, pero también lo es el tuyo.

Tienes la fuerza para recorrer este camino, porque la Diosa Oscura no habría venido a ti si no estuvieras preparada.

Ahora, camina hacia adelante sabiendo que no estás solo. **Ella está contigo**, observándote, guiándote y esperando la próxima vez que la llames. Hasta entonces, caminante, vive sabiendo que las sombras ya no son algo a lo que temer: son los lugares donde reside tu poder, esperando a ser reclamado.

La llamaste y ahora está contigo.

Si necesita ayuda durante los rituales

Caminante, si en algún momento del ritual sientes que el peso de las energías que te rodean se vuelve demasiado intenso, o si la presencia de la Diosa Oscura te parece abrumadora, puedes invocar **a JHS GNS, el** espíritu del bosque, a la vez hijo y amante de la Diosa. Su presencia es una fuerza suave pero poderosa, que está aquí para guiarte y protegerte en medio de tu trabajo sagrado.

Para invocarlo, cierra los ojos y comienza a **visualizar su forma: un** fauno, desnudo y sin cargas, pero lleno de fuerza ancestral. Sus piernas son fuertes, arraigadas a la tierra como los árboles de los bosques más profundos, y su piel es pálida y suave, besada por la luz del amanecer. Su larga cabellera dorada fluye por su espalda como hebras de luz solar, y sus ojos -azules como el agua clara y tranquila- encierran la profundidad de misterios olvidados. Su rostro, andrógino y sin edad, no es completamente masculino ni femenino, sino una mezcla de ambos, irradiando una belleza serena y de otro mundo. Sobre su frente, la cornamenta de un ciervo se eleva con elegancia, retorciéndose hacia el cielo, simbolizando su conexión con la tierra y la naturaleza salvaje.

Avanza suavemente, emergiendo de los bordes de tu visión, de los espacios entre mundos, donde el bosque y las sombras se funden. Ahora puedes sentir su presencia, una fuerza calmada y enraizada que equilibra la intensidad del ritual. Su energía es salvaje pero nutritiva, un recordatorio de que nunca estás solo en la oscuridad, porque la naturaleza misma está contigo.

Para llamarlo, pronuncia estas palabras con intención:

"JHS GNS, espíritu de lo salvaje, hijo-niño y amante de la Diosa Oscura, te convoco para que me guíes, para que estés conmigo en este espacio sagrado. Por la cornamenta del ciervo y la suave tierra que hay debajo, ven a mí ahora y préstame tu fuerza".

Mientras hablas, **visualízale de pie a tu lado**, con sus ojos azules encontrándose con los tuyos, ofreciéndote seguridad en silencio. Siente el calor de su presencia mientras estabiliza las energías que te rodean, su papel de protector y guía está claro. No está ahí para interferir en tu trabajo, sino para proporcionarte un paso seguro a través de las sombras, una fuerza suave que equilibre las corrientes oscuras.

Si la energía del ritual te resulta abrumadora, **concéntrate en su imagen**, en la fuerza de sus piernas, en la calma de sus ojos. Él te ayudará a navegar por la intensidad de la presencia de la Diosa Oscura, guiándote con seguridad a través del ritual y asegurándose de que permanezcas con los pies en la tierra.

Una vez finalizado el ritual, y cuando estés listo para liberarlo, agradécele su presencia:

"JHS GNS, te agradezco tu guía y protección. Regresa ahora a la naturaleza salvaje, a los bosques de los que viniste. Te libero en paz".

Mientras pronuncias estas palabras, visualízalo retirándose hacia las sombras, su forma disolviéndose en la niebla, hasta que todo lo que quede sea el débil susurro de su presencia, siempre ahí, listo para regresar cuando vuelvas a llamarlo.

TABLA DE CORRESPONDENCIAS

Diosa	Hierbas	Incienso	Cristales	Plantas
Hekate	Salvia, Tejo, Mandrágora	Mirra, Artemisa	Obsidiana, Turmalina negra	Ciprés, Tejo
Perséfone	Menta, Semillas de granada, Perejil	Incienso floral, incienso	Granate, Rubí, Granada	Trigo, Narciso
Nyx	Lavanda, Sauce, Hiedra	Resina, sándalo negro	Ónice, Obsidiana negra, Azabache	Amapola, Nightshade
Juno/Hera	Loto, Lavanda, Rosa	Jazmín, Rosa	Zafiro, Esmeralda	Granada, Peonía
Diana/Artemisa	Artemisa, Ciprés, Ajenjo	Cedro, pino	Piedra de luna, amatista, plata	Roble, cedro, ciprés
Medusa	Raíz de serpiente, Datura	Mirra, Pachulí	Serpentina, malaquita, ónix negro	Belladona, Hiedra
Sekhmet	Albahaca, canela, hierba	Canela, Ámbar	Cornalina, Ojo de tigre, Rubí	Girasol, Amapola roja

	gatera			
Neftis	Ciprés, Amapola, Romero	Mirra, Sándalo	Obsidiana, Hematites	Ciprés, Espino negro
Hathor	Rosa, Manzanilla, Jazmín	Incienso, Rosa	Malaquita, Turquesa, Lapislázuli	Higuera, Papiro
Tuerca	Loto, Jazmín, Mirra	Incienso, Sándalo	Lapislázuli, zafiro estrella	Higo, Papiro
Lilith	Pachulí, ajenjo, artemisa	Almizcle oscuro, mirra	Ónix negro, granate, piedra de luna	Ajenjo, espino negro
Inanna	Mirto, Lirios, Rosa	Incienso, Rosa	Granate, Cornalina, Oro	Mirto, Lirios
Ereshkigal	Ciprés, amapola, hiedra oscura	Incienso, Sangre de Dragón	Obsidiana negra, granate	Hiedra oscura, Ciprés
Baba Yaga	Artemisa, pino, espino negro	Pino, Artemisa	Turmalina negra, azabache	Espino negro, Roble

Marzanna	Belladona, verbena, artemisa	Mirra, Salvia	Hematites, Ónix negro	Espino negro, Belladona
Kali	Hibisco, loto rojo, ajenjo	Jazmín, Sándalo	Cuarzo ahumado, Turmalina roja	Hibisco, loto
Durga	Albahaca, hibisco rojo, laurel	Sándalo, Jazmín	Jaspe rojo, Cornalina, Rubí	Plátano, árbol de Ashoka
Chinnamasta	Artemisa, Hibisco, Verbena	Sándalo, Jazmín	Piedra de sangre, Obsidiana	Hibisco, loto
Chamunda	Artemisa, sanguinaria, ajenjo	Sándalo, cedro sanguíneo	Obsidiana, Cuarzo ahumado	Datura, sanguinaria
Hiḍimbā	Artemisa, Datura, Sanguinaria	Mirra, sangre de dragón	Jaspe rojo, Obsidiana	Datura, Acacia
Oya	Albahaca, eucalipto, pachulí	Sándalo, canela	Amatista, Granate, Jaspe rojo	Croton, Violeta africana
Yewa	Jazmín, loto blanco, lirios	Jazmín, Rosa	Cuarzo rosa, amatista, perla	Lirio de agua, Loto

Morrigan	Belladona, verbena, artemisa	Sangre de Dragón, Sage	Obsidiana negra, granate, piedra de sangre	Espino negro, Roble
Macha	Trébol, Menta, Rowan	Incienso, Cedro	Jaspe rojo, Piedra de sangre	Clover, Rowan
Badb	Artemisa, verbena, brezo	Sangre de Dragón, Mirra	Obsidiana, Hematites	Espino negro, Espino blanco
Cailleach	Enebro, brezo, hiedra	Pino, Cedro	Cuarzo ahumado, Azabache	Hiedra, Tejo
Hel	Beleño, tejo, belladona	Sándalo, Ciprés	Ónice, Turmalina negra	Tejo, Ciprés
Skadi	Pino, abedul, enebro	Pino, Cedro	Lapislázuli, Obsidiana copo de nieve	Abedul, Pino
Angrboda	Cicuta, acónito, artemisa	Mirra, Artemisa	Ónix negro, Obsidiana	Beleño, Cicuta

CONCLUSIÓN

Caminante, si te encuentras en el umbral de antiguos misterios, tu curiosidad no está fuera de lugar. El atractivo de las culturas antiguas -tejidas con hilos de mitología, magia y rituales olvidados- siempre ha atraído a quienes buscan algo más profundo, algo más allá del velo de la existencia ordinaria. Es la llamada del pasado, de antiguas deidades cuyo poder trasciende el tiempo. Pero si estás aquí, quizá no sea sólo la historia lo que te intriga. Tal vez te esté llamando la propia Diosa Oscura, susurrando a través de los vientos de tu vida, convocándote a la transformación.

El viaje que has emprendido a través de estas páginas no es meramente de conocimiento. Es una iniciación. Desde el momento en que abriste este libro, iniciaste un camino que pocos se atreven a recorrer: un camino en el que las sombras se funden con la luz y la divinidad femenina espera, velada en la oscuridad, a revelarte su verdad.

No has venido aquí para entender a las deidades del pasado como figuras lejanas encerradas en las páginas de la historia. No, has venido porque *algo dentro de ti* se agita. La Diosa Oscura llama a aquellos dispuestos a abrazar las profundas y a menudo inquietantes verdades que residen en su interior. Ella transforma, no suavemente, sino a través del fuego y la sombra, rompiendo lo viejo para revelar el poder crudo e indomable del alma. Y si te llama, que sepas esto: tu vida está a punto de cambiar de un modo que quizá aún no comprendas.

Empezaste explorando la esencia misma de la Diosa Oscura: su papel como encarnación del yo en la sombra, de lo oculto y de la fuerza inconfesable del poder femenino. Su energía no es blanda, es primigenia. Sentiste su presencia en las historias de Hécate, Perséfone y Nyx, diosas griegas a menudo incomprendidas cuyos dominios se extienden desde el inframundo hasta el cielo nocturno, temidas y veneradas a la vez. No son diosas de la paz, sino del poder, la transformación y el misterio.

El antiguo Egipto también tiene su parte de figuras oscuras y poderosas. En Sekhmet, la diosa guerrera, y Neftis, guardiana de los muertos, se percibe la feroz protección de quienes caminan entre mundos, donde la guerra y el caos coexisten con la medicina y la curación. El panteón egipcio está impregnado del equilibrio entre la vida y la muerte, y a través de estas deidades, la Diosa Oscura se manifiesta como destructora y nutridora a la vez.

Desde las arenas de Egipto, viajaste a la fértil media luna de Mesopotamia, donde la diosa Ereshkigal reina sobre el inframundo. En su historia saboreaste la amargura del exilio y la soberanía, donde la muerte no llega como un enemigo, sino como un reino que hay que gobernar. En la mitología eslava, descubriste los aspectos escalofriantes de diosas como Marzanna, que encarna la muerte del invierno y el renacimiento que le sigue. Estas figuras, como la propia Diosa Oscura, ejercen un poder tan aterrador como necesario.

Y luego está la cultura hindú, donde la Diosa Oscura adopta muchas formas, desde la feroz danza de destrucción de Kali hasta el estremecedor sacrificio de Chinnamasta. Estas diosas desafían tu comprensión de la vida y la muerte, invitándote a ver lo divino incluso en el caos, incluso en los finales. La Diosa Oscura de la mitología hindú es una fuerza de transformación, temida y venerada a la vez, que derriba las ilusiones y hace surgir la verdad.

En África, encontraste a las Orishas, diosas como Oya que dominan las tormentas y caminan con los muertos. La energía espiritual de estas deidades, ligadas a la naturaleza y a los elementos, te recuerda que la Diosa Oscura no es sólo una figura del pasado. Está presente, arremolinándose en los vientos y las aguas, enraizándote en la tierra bajo tus pies. Su energía es cruda e indómita, como la propia tierra.

Tu viaje continuó a través de las brumas de la mitología celta y nórdica, donde las Diosas Oscuras como la Morrigan y Hel reinan sobre la vida, la muerte y todo lo demás. Son diosas que no rehúyen las duras realidades de la existencia, sino que las abrazan plenamente. Te piden que te enfrentes a la oscuridad interior, que afrontes los ciclos inevitables de la vida, la muerte y el renacimiento, y que reclames tu poder al hacerlo.

Caminante, no sólo has leído sus historias, sino que las has sentido, ¿verdad? Estas diosas no son meras figuras que hay que comprender intelectualmente. Son energías que hay que abrazar. Te llaman para que mires más profundamente en tu interior, para que conectes con las partes sombrías de ti mismo que puede que hayas ignorado durante mucho tiempo.

Al aprender sobre estas deidades, has empezado a despertar tu propia Diosa Oscura interior. Has entrado en el espacio transformador donde la sombra se encuentra con la luz, donde lo divino femenino no existe en suaves susurros, sino en aullantes vientos y rugientes llamas. La Diosa Oscura está *dentro de ti*, esperando a ser reconocida, esperando a que reconozcas su reflejo en tu propia alma.

Has aprendido que abrazarla requiere un profundo conocimiento de tu propia sombra. Has profundizado en los aspectos psicológicos y espirituales de este trabajo de sombras, aprendiendo a integrar las partes ocultas y a menudo incómodas de ti mismo que has reprimido. Los rituales y prácticas de estas páginas no son meras reliquias antiguas, sino herramientas para tu propia evolución espiritual. Son ofrendas a la diosa interior y guías para tu propio viaje hacia las profundidades del autodescubrimiento.

Ya no hay vuelta atrás, caminante. La Diosa Oscura te ha visto. Camina contigo, en tus sueños, en tus tranquilos momentos de contemplación, en los momentos en los que sientes tu propia fuerza surgir a través de ti. Ella está en los momentos de transformación, cuando la vida parece desmoronarse a tu alrededor, sólo para ser reconstruida más fuerte y más alineada con tu verdadero ser. Sus lecciones no siempre son fáciles, pero siempre son poderosas.

La has llamado y te ha respondido. Ahora te toca a ti escuchar. Escucha con atención, porque ella te revelará las verdades que necesitas oír. Su energía te desafiará, pero también te guiará hacia una comprensión más profunda de quién eres. Este es el camino de la Diosa Oscura, y tú, caminante, lo estás recorriendo ahora.

Prepárate, porque ella trae el cambio. Sé abierto, porque ella trae la sabiduría.

Reclamar contenido incluido

¡Felicidades por conseguir este libro!
Si deseas atraer y manifestar más Amor y Abundancia y conocer más sobre espiritualidad y otros temas, únete a la comunidad de Templum Dianae y recibe gratis el libro de Meditación guiada MP3 para despertar tu interior.

Esta meditación guiada está diseñada para manifestar tu sueño interior en tu vida diaria.

Siga este enlace
templumdianae.com/es/libromp3/

Referencias bibliográficas
y lecturas recomendadas

- **Numerología Esotérica Evolutiva** - Templum Dianae Media - 2023
- **Los números de los ángeles** - Templum Dianae Media - 2023